चरणारविन्दे

भजन संग्रह

डॉ. रंजना वर्मा

ISBN 978-93-5458-527-2
© डॉ. रंजना वर्मा 2021
Published in India 2021 by Pencil

A brand of
One Point Six Technologies Pvt. Ltd.
123, Building J2, Shram Seva Premises,
Wadala Truck Terminal, Wadala (E)
Mumbai 400037, Maharashtra, INDIA
E connect@thepencilapp.com
W www.thepencilapp.com

Author biography

कवियित्री का परिचय

नाम —

डॉ. रंजना वर्मा

जन्म —

15 जनवरी 1952, जौनपुर (उ0 प्र0) में ।

शिक्षा-

एम. ए. (संस्कृत, प्राचीन इतिहास) पी0 एच0 डी0 (संस्कृत)

लेखन एवम् प्रकाशन - वर्ष 1967 से देश की लब्ध-प्रतिष्ठ पत्र पत्रिकाओं में , हिंदी की लगभग सभी विधाओं में । कुछ रचनाएँ उर्दू में भी प्रकाशित ।

प्रकाशित कृतियाँ -

समर्पिता, कैकेयी का मनस्ताप, वैदेही व्यथा, संविधान निर्माता, द्रुपद सुता , सुदामा, प्रवासी, अश्रु-अवलि (सभी खण्ड काव्य), चन्द्रमा की गोद में (बाल उपन्यास), समृद्धि का रहस्य, जादुई पहाड़, मङ्गला (तीनों बाल कथा संग्रह), मुस्कान (बाल गीत संग्रह), फुलवारी (शिशु गीत संग्रह)। जज़्बात, ख्वाहिशें, एहसास, प्यास, रंगे उल्फ़त, गुंचा, रौशनी के दिए, खुशबू रातरानी की, ख़्वाब अनछुए, शाम सुहानी, यादों के दीप, मंदाकिनी, आस किरन, बूँद बूँद आँसू (सभी ग़ज़ल संग्रह)। गीतिका गुंजन, सरगम साँसों की, रजनीगन्धा, भावांजलि (गीतिका संग्रह), सत्यनारायण कथा (पद्यानुवाद)। मुक्तक मुक्ता, मुक्तकाञ्जलि, मन के मनके (सभी मुक्तक संग्रह) । दोहा सप्तशती । एक हवेली नौ अफ़साने, रास्ते प्यार के, अमला, पायल, हत्या का रहस्य, अँगना कँगना, अतीत के पृष्ठ, अँजोरिया (उपन्यास)। सूर्यास्त, सिंधु-सुता, परी है वो (कहानी संग्रह) । साईं गाथा (महाकाव्य),सांझ सुरमयी, गीत गुंजन, गीत धारा , मीत गीत के , आ जा मेरे मीत (सभी

गीत संग्रह)। बसन्त के फूल (कुण्डलिया संग्रह)। चुटकी भर रंग, जुगनू (दोनों हाइकु संग्रह)। चंदन वन (तांका संग्रह), इंद्रधनुष (चोका संग्रह), मेहंदी के बूटे (सेदोका संग्रह) नयी डगर (वर्ण पिरामिड संग्रह)।

'लौट आओ रुद्र' (उपन्यास का पूर्वार्द्ध) प्रेस में ।

सम्पादन - मन के मोती , मकरंद , सौरभ , मौन मुखरित हो गया (चारो कविता संग्रह), अँजुरी भर गीत (गीत संग्रह), शेष अशेष (स्मृति ग्रन्थ), हास्य प्रवाह (हास्य व्यंग्य कविताओं का संग्रह) , थूकने का रहस्य , करामाती सुपारी (दोनों हास्य व्यंग्य संग्रह)।

प्रसारण —

गीत, वार्ता, तथा कहानियों का आकाशवाणी, फैज़ाबाद से समय समय पर प्रसारण।

सम्मान —

श्रीमती राजकिशोरी मिश्र सम्मान , श्रीमती सुभद्रा कुमारी चौहान स्मृति सम्मान , काव्यालंकार मानद उपाधि , छन्द श्री सम्मान , कुंडलिनी गौरव सम्मान , ग़ज़ल सम्राट सम्मान , श्रेष्ठ रचनाकार सम्मान , मुक्तक गौरव सम्मान , दोहा शिरोमणि सम्मान , सिंहावलोकनी मुक्तक भूषण सम्मान ।

सम्प्रति —

सेवा निवृत्त प्रधानाचार्या(रा0 बा0 इ0 कालेज जलालपुर, जिला अम्बेडकरनगर उ0 प्र0) से।

सम्पर्क सूत्र – ranjana.vermadr@gmail.com

CONTENTS

दो शब्द

दो शब्द

मानव जीवन परमात्मा से मिला अपूर्व उपहार है । यह पंचतत्व निर्मित शरीर वस्तुतः उस परमपिता परमेश्वर से प्राप्त अनुपम सौगात है । जन्म के बाद संसार मे आते ही मनुष्य से माया आ लिपटती है । माया से मोह, मोह से लोभ और लोभ से आसक्ति ..... इसी प्रकार मनुष्य माया के जंजाल में फँस कर नितांत स्वार्थी हो जाता है । वह स्वयं को ही ईश्वर और सर्वेसर्वा समझने की भूल कर बैठता है ।

शैशव, बचपन और यौवन की आयु इसी मायाजाल में उलझते बीत जाती है परंतु मनुष्य को यह भान ही नहीं हो पाता कि सिर पर काल दण्ड लेकर खड़ा है और आयु व्यतीत होने की प्रतीक्षा कर रहा है । संसार की वस्तुएं और सम्बन्धी सब यहीं रह जाते हैं अतः इनका मोह करना व्यर्थ है । मोह और प्रीति तो उस परमेश्वर के प्रति ही सार्थक है जिसने समस्त संसार की रचना की है और आत्मा रूपी दीपक की लौ को अंततः उसी परम प्रकाश में समाहित हो जाना है ।

संसार के सब नाते झूठे हैं केवल प्रभु का नाता ही सच्चा है । ववेद पुराण भी प्रभु नाम के स्मरण की महिमा बताते नहीं थकते । 'कलियुग केवल नाम अधारा ।' इसी सत्य का अनुभव होने पर उस परम पिता के प्रति, उस एकमात्र प्राणाधार के प्रति हृदय से निकले उद्गारों को भजन के रूप में सभी सहृदय जनों के सम्मुख प्रस्तुत कर रही हूँ । आशा है ये भजन सुधीजनों के हृदय को आनन्द देने में सर्वथा समर्थ हो सकेंगे । इति...

डॉ. रंजना वर्मा

अनुक्रमणिका

23 - राधिके दे भी दे मुरली

24 - करिये कृपा रघुराई

25 - यमुना किनारे बनवारी

26 - ले ले कन्हौ नँदलाला दहिया मेरी ले ले

27 - आजा अब तो श्याम साँवरे

28 - सुन श्याम साँवरे दर्शन को

29 - नदी तीरे खड़ा केवट विनय कर जोड़ करता है

30 - सुनो श्याम सुंदर कन्हैया दुलारे

31 - आयी मैं शरण तुम्हारी सुनो बाँके बिहारी

32 - तुझसे लग्न लगी साँवरिया बड़ी

33 - करो कल्याण जगदम्बे तुम्हारे द्वार हूँ आयी

34 - जसुदा नन्द दुलारे मटकी मेरी ले लो

35 - श्याम साँवरे मैं तेरे चरणों मे नमन करूँ

36 - कान्हा आजा मेरे द्वार राधिका तुझे बुलाये रे

37 - हमें मथुरा की गलियाँ न भायें रसिया

38 - छेड़ गया चुपके से मोहन मन वीणा के तार

39 - मनमोहन ने ब्रज में धूम मचायी रे

40 - एक बार फिर माँ जगदम्बे आओ भारत देश में

41 - रटते रटते नाम श्याम का

42 - तुझे दिल मे बसा लूँ सँवरिया जरा

43 - मैया खोलो न दुअरिया तुम्हरे द्वार खड़ी

44 - साँवरा झूल रहा झूला

45 - उमर की धरी गगरिया शीश

46 - सुनो प्यारे कन्हाई नन्दलाल

47 - भजन कीजिये यदुनन्दन के नाम का

48 - तेरे चरणों मे प्यारे कन्हैया

49 - आओ आओ माँ भवानी बड़ी देर भई

50 - अनुपम रूप पिया का राधा देख रही दरपन में

51 - मोरपंख की बना लेखनी लिखूँ श्याम का नाम

हे गणपति हे गौरीनन्दन

हे गणपति गौरी के नन्दन
आओ द्वार हमारे ।
जब जब भीर पड़ी भक्तो पर
तुमने कष्ट निवारे ॥

हे गजवदन विघ्नहर स्वामी
विनय करूँ कर जोड़े ,
भव बन्धन में जकड़ा जीवन
लोभ मोह कब छोड़े ।

तुम बिन आस पास कब कोई
आओ शम्भु दुलारे ।
हे गणपति गौरी के नन्दन
आओ द्वार हमारे ॥

मोदक प्रिय प्रभु अंतर्यामी
कदली पुंज निहारो ,
धूप दीप फूलों की माला
दूर्वा दल पर वारो ।

शंकर सुअन लाभ शुभ दाता
तुमसे बाधा हारे ।
हे गणपति गौरी के नन्दन

आओ द्वार हमारे ॥

❀ ❀ ❀

श्याम गली है तुम्हारी अनजान

श्याम गली है तुम्हारी अनजान
मैं कैसे तुम तक आऊँ ॥

तुमको तो सब कहें सँवलिया
मैं हूँ चिट्टी गोरी ,
मत यूँ भाव बता तू मुझको
क्यों है मटकी फोरी ।

तिरछे नैना तेरी मीठी मुस्कान
पे प्यारे बलि बलि जाऊँ ।
श्याम गली है तुम्हारी अनजान
मैं कैसे तुम तक आऊँ ॥

कोई कहे तुम्हें श्याम साँवरा
कोई कहे नन्दलाला,
मेरे मन मे बसा मनोहर
मोहन मुरलीवाला ।
य
छेड़े छेड़े मीठी मीठी प्यारी तान
चली मैं जग तज आऊँ ।
श्याम गली है तुम्हारी अनजान
मैं कैसे तुम तक आऊँ ॥

❀ ❀ ❀

साँवरे सलोने तू उठा दे मेरी मटकी

साँवरे सलोने तू उठा दे मेरी मटकी ॥

घर से चली मैं जमुना - जल भरने
सुनी धुन बाँसुरी की राह से मैं भटकी ।
साँवरे सलोने तू उठा दे मेरी मटकी ॥

सास ननद मुझे देंगी ये ताने
इतनी देर रही मैं कहाँ अटकी ।
साँवरे सलोने तू उठा दे मेरी मटकी ॥

हाथ थाम श्याम बहियां मरोड़े
चट चट चूड़ियाँ कलाइयों की चटकीं ।
साँवरे सलोने तू उठा दे मेरी मटकी ॥

भौंह नचा के करते हैं बरजोरी
ले लो रे बलैयां चतुर नटखट की ।
साँवरे सलोने तू उठा दे मेरी मटकी ॥

राधे मैं अगर तेरी मटकी उठा दूँ
शोभा चली जायेगी मेरे पनघट की ।
साँवरे सलोने तू उठा दे मेरी मटकी ॥

हाथ जोड़ राधा विनती है करती
रखियो जी लाज मेरे घूँघट की ।

साँवरे सलोने तू उठा दे मेरी मटकी ॥

❀ ❀

छम छम बाज रही पायलिया

छम छम बाज रही पायलिया
श्री राधा के पग में ।।

मध्य रात्रि वंशी धुन सुन के
दौड़ पड़ी स्वर सुन गुनगुन के
बन के बावरिया मोहन की
छम छम नाचे मग में ।

छम छम बाज रही पायलिया
श्री राधा के पग में ।।

विविध रूप धारें ग्वालिन सब
गोप श्याम का रूप लिये तब
खनक उठे कंगन हाथों में
छनके घुँघरू पग में ।

छम छम बाज रही पायलिया
श्रीराधा के पग में ।।

मुरली श्यामल कर में सोहे
देव दनुज सबका मन मोहे ।
प्रेम मगन मन नाच रहे सब
छलके आँसू दृग में ।

छम छम बाज रही पायलिया
श्रीराधा के पग में ॥

श्याम तेरा पनियां हमसे न भरा जाए रे

श्याम तेरा पनियाँ हमसे न भरा जाय रे ॥

मैं तो गयी भरने यमुना जल
श्याम तूने काहे दी मटकी गिराय रे ॥
श्याम तेरा पनियाँ हमसे न भरा जाय रे ॥

घर तेरा दूर गगर सिर भारी
ऊँची नीची सिढियाँ हमसे न चढ़ी जाय रे ।
श्याम तेरा पनियाँ हमसे न भरा जाय रे ॥

जपत रहूँ निशि - वासर मोहन
नन्दलाल तूने ही दिया है भुलाय रे ।
श्याम तेरा पनियाँ हमसे न भरा जाय रे ॥

श्याम तेरी गलियाँ हमसे न चली जाए रे

श्याम तेरी गलियाँ हमसे न चली जाए रे ॥

तुम तो दूर बसे बनवारी
काँटों भरी रहिये
न पार करी जाए रे ।

श्याम तेरी गलियाँ हमसे न चली जाए रे ॥

हमसे जलत गोपियाँ सारी
तीखी तीखी बतियाँ
हमसे न सुनी जाए रे ।

श्याम तेरी गलियाँ हमसे न चली जाए रे ॥

बीच डगर छेड़त नन्दलाला
रोज़ रोज़ ये झगड़ा
हमसे न किया जाए रे ।

श्याम तेरी गलियाँ हमसे न चली जाए रे ॥

❀ ❀ ❀

मैं तो आ जाऊँगी सबेरे बड़ी भोर

मैं तो आ जाऊँगी सबेरे बड़ी भोर
दहिया ले के आ जाऊँगी ।।

ना माने मेरी मटकी रख ले
मटकी रख ले जी
इसमें दहिया भरी है पांच सेर
दहिया ले के आ जाऊँगी ।।

ना माने मेरी पायल रख ले
पायल रख ले जी
इसमें घुँघरू लगे हैं चारो ओर
दहिया ले के आ जाऊँगी ।।

ना माने मेरी चुनरी रख ले
चुनरी रख ले जी
इसमें लगी हीरे मोती की किनार
दहिया ले के आ जाऊँगी ।।

❀ ❀ ❀

साँवरे को भजो मुक्ति मिल जाएगी

साँवरे को भजो मुक्ति मिल जायेगी ।।

वो यशोदा सुअन
नन्द का लाल है,
हाथ में जिंदगी
उसके है काल है ।

उसके चरणों की अनुरक्ति मिल जायेगी ।
साँवरे को भजो मुक्ति मिल जायेगी ।।

रास करता रहा
भानुजा तीर पर ,
खुद पिघलता रहा
आँख के नीर पर ।

उस दयाधाम की भक्ति मिल जायेगी ।
साँवरे को भजो मुक्ति मिल जायेगी ।।

जीभ केवल चले
या हृदय भी जले,
नाम चन्दन सदा
देह मन पर मले ।

आत्म होगा प्रबल शक्ति मिल जायेगी ।

साँवरे को भजो मुक्ति मिल जायेगी ॥

अँगन खेले मेरा साँवरा सलोना

अँगन खेले मेरा साँवरा सलोना ॥

नन्द जी का लल्ला यशोदा का छौना
अँगन खेले मेरा साँवरा सलोना ॥

मोर पंख सोहे सिर ऊपर
शीश धरे शिव मनहुँ कलाधर
नयनन में कजरा है मस्तक डिठौना ।

अँगन खेले मेरा साँवरा सलोना ॥

चंचल नयन श्याम रतनारे
कच नव भूषण मात सँवारेफ़
देखे न जी भर लगे नाहिं टोना ।

अँगन खेले मेरा साँवरा सलोना ॥

माखन मिसरी ललन को भावे
मधुर हसित मन मोर लुभावे
कबहुँ कन्हैया नयन दूर हो ना ।

अँगन खेले मेरा साँवरा सलोना ।1

॰ ❀ ॰ ❀ ॰ ❀ ॰

चलें राधिका के भवन धीरे धीरे

चलें राधिका के भवन धीरे धीरे ।
हटे मोह का आवरण धीरे धीरे ॥

हैं मझधार में डोलती अपनी नइया
कन्हइया तू आ मेरा बन के खिवैया

हो अब तो तेरा आगमन धीरे धीरे ।
हटे मोह का आवरण धीरे धीरे ॥

जो घबरा गये जग की तन्हाइयों से
पुकारेंगे हम दिल की गहराइयों से

चले आयें राधा रमन धीरे धीरे ।
हटे मोह का आवरण धीरे धीरे ॥

ये तोड़े न जायें ज़माने के बन्धन
तरसता है दिल कैसे आऊँ मैं मधुबन

जगेगी जो मन में लगन धीरे धीरे ।
हटे मोह का आवरण धीरे धीरे ॥

तेरी देहरी पर नमन धीरे धीरे
जो कर के करेंगे भजन धीरे धीरे

खिलेगा हृदय का चमन धीरे धीरे
कन्हइया से होगा मिलन धीरे धीरे ॥

चलें राधिका के भवन धीरे धीरे ।
हटे मोह का आवरण धीरे धीरे ॥

❀ ❀ ❀

तृप्ति मिलेगी पियें राम रस

तृप्ति मिलेगी पिये नाम रस
अब अपना मुख खोल ।
श्याम धुन धीरे धीरे बोल ॥

श्याम सघन घन सा तन श्यामल
सुंदर लोल कपोल
कोटि काम की छवि न्यौछावर
चंचल नयन किलोल ।

श्याम धुन धीरे धीरे बोल ॥

श्रवणों में मकराकृत कुण्डल
अधरों पर मृदु बोल
मोहक छवि जब उर में आयी
मन हो गया अडोल ।

श्याम धुन धीरे धीरे बोल ॥

नयनों में चंचल छवि आयी
पलकों के पट खोल
मन - माखन में मधुर भाव की
अब तो मिसरी घोल ।

श्याम धुन धीरे धीरे बोल ॥

चला आ कन्हैया दुआरे हमारे

चला आ कन्हैया दुआरे हमारे ।
तेरे भक्त सारे विकल हो पुकारे ॥

फूलों में आ जा तू कलियों में आ जा
भ्रमरों में आ जा तितलियों में आ जा
कोकिल के सुर में कन्हैया समा रे ।
तेरे भक्त सारे विकल हो पुकारे ॥

कुंजों में आ वंशीवट में तू आ जा
पनघट पे आजा तू घट घट में आजा
आ कृष्ण प्यारे तू यमुना किनारे ।
तेरे भक्त सारे विकल हो पुकारे ॥

निदिया में आ मेरे सपनों में आजा
सपनों में आ मेरे दिल में समा जा
तेरे लिये हैं मन के खोले किवारे ।
तेरे भक्त सारे विकल हो पुकारे ॥

पलकों के पट खोल बैठी कन्हैया
आँखों के कमरे में पुतली की शैया
दिल में बस मेरे हे प्राण प्यारे ।
तेरे भक्त सारे विकल हो पुकारे ॥

भावों का माखन है चाहों की मटकी

तूने बेदर्दी है क्यों ऐसे पटकी ?
फूट गयी मटकी गिरे भाव सारे ।
तेरे भक्त सारे विकल हो पुकारे ॥

❀ ❀ ❀

भजन भगवान का कर लो

भजन भगवान का कर लो, उमर बीती चली जाये ।
प्रभू का ध्यान तो धर लो, उमर बीती चली जाये ॥

न मन्दिर में न मस्जिद में, न चर्चों में न गुरुद्वारे
हमेशा राम मिलता है, हृदय के खोल कर द्वारे

लगन घनश्याम से कर लो , उमर बीती चली जाये ॥

न पोछे अश्रु औरों के, न कुछ भी दान में डाला
बढ़ाकर हाथ है अपना, सदा अपना उदर पाला

दुखी के कष्ट कुछ हर लो, उमर बीती चली जाये ॥

लिया माँ बाप से केवल , नहीं सम्मान से देखा
सहेजा सुख सदा अपना, किया धन मान का लेखा

चरण माँ बाप के धर लो, उमर बीती चली जाये ॥

किसी का दुःख मिटा के तुम, सुखों का सार पाओगे
न अटको मोह माया में, तभी उद्धार पाओगे ।

उठो मन जागरण कर लो , उमर बीती चली जाये ॥

खोलो श्याम किवाड़े

खोलो श्याम किवाड़े
खड़े हम द्वारे तुम्हारे ॥

भोर हुई सूरज उग आया
जल थल पड़ी सुनहरी छाया
भ्रमर करत गुंजारे
खड़े हम द्वारे तुम्हारे ॥

खोलो श्याम किवाड़े
खड़े हम द्वारे तुम्हारे ॥

शशि मुख पर अति सुंदर नैना
मुख मन्दिर में मधुमय बैना
श्यामल कच गभुआरे
खड़े हम द्वारे तुम्हारे ॥

खोलो श्याम किवाड़े
खड़े हम द्वारे तुम्हारे ॥

दहशत में है दुनियाँ सारी
आओ पीर हरो गिरिधारी
कहते जन दुखियारे
खड़े हम द्वारे तुम्हारे ॥

खोलो श्याम किवाड़े
खड़े हम द्वारे तुम्हारे ॥

❀ ❀ ❀

छुप छुप आते हो माखन चुराते हो

छुप छुप आते हो

माखन चुराते हो ,

भागे कहाँ जाते हो तुम भागे कहाँ जाते हो ॥

जल भरने पनघट जब जाऊँ

वहीं खड़ा नटखट तुम्हें पाऊँ

चुपके से आते हो

मटकी गिराते हो ,

भागे कहाँ जाते हो तुम भागे कहाँ जाते हो ॥

जब मथुरा मैं गोरस भेजूँ

बीच डगर पर तुमको देखूँ

माखन लुटाते हो

हमको सताते हो ,

भागे कहाँ जाते हो तुम भागे कहाँ जाते हो ॥

नयनों में छवि बसी तुम्हारी

तुम पर हम जायें बलिहारी

नजरें मिलाते हो

दिल भी चुराते हो ,

भागे कहाँ जाते हो तुम भागे कहाँ जाते हो ॥

छुप छुप आते हो

माखन चुराते हो

भागे कहाँ जाते हो तुम भागे कहाँ जाते हो ॥

❀ ❀ ❀

नटखट नन्दलाल गिरिधारी

नटखट नन्दलाल गिरिधारी
सुन लो विनय हमारी ना ॥

हे मनमोहन रासबिहारी
आयी शरण तिहारी ।
कुंज निकुंज रहो नित भ्रमते
कुंज बिहारी ना ।

नटखट नन्दलाल गिरिधारी
सुन लो विनय हमारी ना ॥

द्रुपद सुता की लाज बचाई
अद्भुत चीर बढ़ाई ,
तुम परमेश्वर प्रबल पराक्रम
गिरिवरधारी ना ।

नटखट नन्दलाल गिरिधारी
सुन लो विनय हमारी ना ॥

संकट में पड़कर करिवर ने
आशाएँ सब हारी
छोड़ गरुण धाये मनमोहन
बन पदचारी ना ।

नटखट नन्दलाल गिरिधारी
सुन लो विनय हमारी ना ॥

सप्त छिद्रमय तेरी वंशी

सप्त छिद्रमय तेरी वंशी
सप्त छिद्रमय देह सखे ॥

अधर सुधा रस पान करे नित
मधुर रागिनी बरसाती
प्रणयामृत की तृषित चातकी
दरश बिंदु पा हरषाती ।

बरसो सरसे मन की धरती
मिटे सकल संदेह सखे ।

सप्त छिद्रमय तेरी वंशी
सप्त छिद्रमय देह सखे ॥

जीवन की इस दीपशिखा को
माया मोह रहे घेरे
विरहाकुल आत्मा लगाये
कितने जन्मों के फेरे ।

हृदय धरा पर कब बरसेंगे
तव करुणा के मेह सखे ।

सप्त छिद्रमय तेरी वंशी
सप्त छिद्रमय देह सखे ॥

मत जाना री अकेली कोई पनघट पे

मत जाना री अकेली कोई पनघट पे ।
आज खड़ा है बिहारी यमुना तट पे ।।

यमुना किनारे श्याम   गायें चरायें
मुरली   बजाये   वंशी - वट पे ।
मत जाना री अकेली कोई पनघट पे ।।

वृंदा विपिन बीच रास रचाये
भौंहें नचाये   हँसे   मटके ।
मत जाना री अकेली कोई पनघट पे ।।

गोपियों के साथ करे बरजोरी
थामे कलाई   चूड़ियाँ चटके ।
मत जाना री अकेली कोई पनघट पे ।।

कंकर मार फोड़ दे वो गागर
बीच   डगर   मटकी   पटके ।
मत जाना री अकेली कोई पनघट पे ।।

मन - नवनीत चुरा ले जाये
ढंग निराले बड़े नटखट के ।
मत जाना री अकेली कोई पनघट पे ।।

कन्हैया को दिल से नमन कर रहे हैं

कन्हैया को दिल से नमन कर रहे हैं ।
वो देखो सुदामा भजन कर रहे हैं ॥

मैली सी धोती हैं कमर में लपेटे
भीख माँग खाते करम के हैं हेठे
मगर हर हरि से भक्ति गहन कर रहे हैं ।
वो देखो सुजान सुदामा भजन कर रहे हैं ॥

भूखे हैं बच्चे और टूटी झोपड़िया
न ली तूने भूले से भी तो खबरिया
बयां सारी हालत नयन कर रहे हैं ।
वो देखो सुदामा भजन कर रहे हैं ॥

है कहती सुशीला - उठो प्यारे जाओ
कन्हैया से जा अपना दुखड़ा सुनाओ
जो सब के दुखों का हवन कर रहे हैं ।
वो देखो सुदामा भजन कर रहे हैं ॥

बोला सुदामा - हैं राजा कन्हाई
खाली हाथ जाया नहीं जाता भाई
दिन अपने तो यूं भी गमन कर रहे हैं ।
वो देखो सुदामा भजन कर रहे हैं ॥

अँजुरी भर चावल सुशीला माँग लाई
आँचल को फाड़ा एक पोटली बनाई
यों हरि से मिलन का जतन कर रहे हैं ।
वो देखो सुदामा भजन कर रहे हैं ॥

कृष्ण कन्हैया है देर कब लगाते
निर्धन सुदामा को गले से लगाते
सखा के दुखों का शमन कर रहे हैं ।
वो देखो सुदामा भजन कर रहे हैं ॥

धूल भरे पाँवों को गोद में सँभाले
चुन चुन के मोहन ने शूल सब निकाले
अश्रु उनके नयन से पतन कर रहे हैं ।
वो देखो सुदामा भजन कर रहे हैं ॥

भाभी की भेंट देख मन था ललचाया
दो मुट्ठी तंदुल का भोग जब लगाया
मित्र का दर्द सारा दहन कर रहे हैं ।
वो देखो सुदामा भजन कर रहे हैं ॥

हे वृषभानुदुलारी कहाँ है तेरा बाँकेबिहारी

हे वृषभानु दुलारी
       कहाँ है तेरा बाँके बिहारी ।।

आज बुला दे वो नटनागर
भर जाये मेरी खाली गागर
आ भी जा कृष्ण मुरारी
कहाँ है प्यारा बाँके बिहारी ।

हे वृषभानु दुलारी
       कहाँ है तेरा बाँके बिहारी ।।

दरद की मारी वन वन डोलूँ
व्याकुल मन की गाँठें खोलूँ ।
सुधि काहे तूने बिसारी
बता दे मेरे बाँके बिहारी ।

हे वृषभानु दुलारी
       कहाँ है तेरा बाँके बिहारी ।।

ऊंची लहरें झांझर नैया
पर लगा दे मोहें खिवैया ।
रात बड़ी अँधियारी
बचा ले मोहें बाँके बिहारी ।

हे वृषभानु दुलारी

कहाँ है तेरा बाँके बिहारी ॥

❋ ❋ ❋

मेरे मोहन क्यों छोड़ गए जग सारा

मेरे मोहन क्यों छोड़ गए जग सारा ।
दुनियाँ में तुम बिन कोई नहीं हमारा ॥

मथुरा की रंगीनी ने तुम्हें लुभाया ?
या सौतन कुब्जा ने तुम को भरमाया ?
क्या भूल गए यमुना की पावन धारा ?
दुनियाँ में तुम बिन कोई नहीं हमारा ॥

वृंदावन के फूलों में तुम खिलते हो
सुनती हूँ ब्रज की गलियों में मिलते हो ।
तुम हाथ थाम लो मैं छोड़ूँ जग सारा ।
दुनिया में तुम बिन कोई नहीं हमारा ॥

तेरी सुधियों ने बाँध लिया नंदलाला
दुख से तापित मन पर शीतल जल डाला ।
तेरे चरणों में अर्पित जीवन सारा ।
दुनियाँ में तुम बिन कोई नहीं हमारा ॥

❀ ❀ ❀

जिया नहीं माने बने नर से नारी

जिया नहीं माने बने नर से नारी
चले राधा रानी से मिलने मुरारी ॥

अँगिया पहन श्याम बिंदिया लगाये
सँवरी सुरतिया को अपनी सजाये
भूल गया तन मन छवि जिसने निहारी ।
चले राधा रानी से मिलने मुरारी ॥

करधनियाँ पहने औ पैजनियां पहने
अंग अंग पहने हैं विविध रंग गहने
कजरा नयन में सोहे तन पे सारी ।
चले राधा रानी से मिलने मुरारी ॥

रंग रंग की कान्हा चुड़ियां हैं लाये
पहनो जी पहनो आवाज हैं लगाये
राधा कहे देखो कलइया हमारी ।
चले राधा रानी से मिलने मुरारी ॥

पतली कलाई पकड़ के कन्हाई
हौले से राधा की उंगली दबाई
जान गयीं राधा है छलिया बिहारी ।
चले राधा रानी से मिलने मुरारी ॥

❀ ❀ ❀

राधिके दे भी दे मुरली

राधिके , दे भी दे मुरली ।।

बाँस काट कर वन से लाया
बड़े जतन से इसे बनाया
सात सुरों के छेद बनाकर
तब रक्खी उंगली ।
राधिके , दे भी दे मुरली ।।

यह मुरली है जीवन मेरी
कैसे बन गई सौतन तेरी
निशि दिन राधे राधे की धुन
टेर रही मुरली ।
राधिके , दे भी दे मुरली ।।

जब जब सांसें आयें जाये
देह जिये मुरली भी गाये
दोनों ही हैं एक सदृश
तूने मुरली हर ली ।
राधिके , दे भी दे मुरली ।।

❀ ❀ ❀

करिये कृपा रघुराई

करिये कृपा रघुराई
राम तेरी नगरी में आयी ॥

जन्म कहीं पालन कहीं पाया
माया ने इतना भरमाया ।
दो भव बन्ध छोडाई ।
राम तेरी नगरी में आयी ॥

अवध भूमि सुंदर अति पावन
भक्ति बयार बहे मनभावन ।
सरयू जल सुखदायी ।
राम तेरी नगरी में आयी ॥

राम राम श्री राम सनेही
कहिये राम लखन वैदेही ।
किरपा करेंगे रघुराई ।
राम तेरी नगरी में आयी ॥

सीता राम चरन रति मानूँ
अपर देवता कोई न जानूँ ।
मेरे हैं राम गोंसाई ।
राम तेरी नगरी में आयी ॥

राम राम रटना दिन राती

और न कोई बात सुहाती ।
जग बन्धन दुखदायी ।
राम तेरी नगरी में आयी ॥

❀ ❀ ❀

यमुना किनारे बनवारी

यमुना किनारे बनवारी ।
तू आ जा बांके बिहारी ॥

चार दिनों का जीवन पाया
जग में आकर तुझे बुलाया
प्रीत की रीत बिसारी ।
तू आजा बांके बिहारी ॥

जग के नाते सुख के साधन
त्यागे अब आजा मनमोहन
द्वार खड़ी दुखियारी ।
तू आजा बांके बिहारी ॥

घर वैभव माया ठुकराई
लाख बहाने करके आई
आयी शरण तिहारी ।
तू आजा बांके बिहारी ॥

सांसो का संबंध ये छूटे
पर तुमसे संबंध न टूटे ।
तुझसे है दुनिया सारी
तू आजा बांके बिहारी ॥

ले ले कन्हाई नन्दलाला

ले ले कन्हाई नंदलाला दहिया मेरी ले ले ॥

दूर देश से ग्वालन आई
लायी दही है ये सजी सजाई
इस में मोटी पड़ी मलाई
होगी तू ने नहीं ऐसी खाई ।

बरसाने की हूँ मैं ग्वालिन तू गोकुल का ग्वाला
दहिया मेरी ले ले ।
ले ले कन्हाई नंदलाला दहिया मेरी ले ले ॥

चलते चलते बहुत थकी मैं
लेकिन पथ में नहीं रुकी मैं
मथ कर दही बिलोया माखन
थक गई कान्हा झुकी झुकी मैं ।

तेरी मटकी अलग सहेजी तू तो है बड़ा निराला
दहिया मेरी ले ले ।
ले ले कन्हाई नंदलाला दहिया मेरी ले ले ॥

तेरी दही है कितनी पतली
देख ले इसमें नाचे तितली
मटकी सिर पर रहे ना संभली
राधे तू क्या हो गई पगली ।

मैं हूँ सखा सदा से तेरा सुन वृषभानु की बाला
दहिया मोहे दे दे ।
ले ले बिहारी नंदलाला दहिया मेरी ले ले ॥

आ जा अब तो श्याम साँवरे

आजा अब तो श्याम साँवरे तेरे चरण गहूँ ।।

पलकन राह बुहारूँ कान्हा
प्रतिपल बाट निहारूँ ,
कण्ठ उगे हैं काँटे प्रियतम
कैसे तुम्हें पुकारूँ ?

व्याकुल मन की विकल वेदना किससे आज कहूँ ।
आजा अब तो श्याम साँवरे तेरे चरण गहूँ ।।

जीवन किया समर्पित तुमको
सुन राधा के प्यारे ,
चितवन ऐसी चुभी हृदय में
मैंने तन मन हारे ।

कष्ट मिटा हे मनमोहन कब तक मौन रहूँ ।
आजा अब तो श्याम साँवरे तेरे चरण गहूँ ।।

तुम तक पहुँच न पाऊँ गिरिधर
पड़े पाँव में छाले ,
राह अजानी नित भटकाये
अब तो पास बुला ले ।

माया बन्धन कण्ठ कस रहे कब तक इन्हें सहूँ ।

आजा अब तो श्याम साँवरे तेरे चरण गहूँ ॥

❀ ❀ ❀

सुन श्याम साँवरे दर्शन को

सुन श्याम साँवरे दर्शन को
तेरे द्वार पे दासी है आयी ॥

तूने जब जब टेरा कुंजों में
मैं हवा बनी तेरे साथ रही ,
तेरे चरणों की धूल मिले
इसलिये झुकाये माथ रही ।

पाने को तृप्ति - बूँद तुझसे
युग युग की प्यासी है आयी ।
सुन श्याम साँवरे दर्शन को
तेरे द्वार पे दासी है आयी ॥

बाँसुरी बजायी जब तूने
पग नूपुर गोपी के बोले ,
यह प्रेम अनोखा है प्यारे
जीवन मे जो मधुरस घोले ।

पा कर यह तेरा अपनापन
तज सकल उदासी है आयी ।
सुन श्याम साँवरे दर्शन को
तेरे द्वार पे दासी है आयी ॥

तेरे दर पर आयी गिरिधर

चरणों में तेरे नमन करूँ ,
जग ने जानी महिमा तेरी
मैं अपने मैं को हवन करूँ ।

तू दर्शन देगा साँवरिया
यह आस हृदय है भरमायी ।
सुन श्याम साँवरे दर्शन को
तेरे द्वार पे दासी है आयी ॥

❀ ❀ ❀

नदी तीरे खड़ा केवट ...

नदी तीरे खड़ा केवट विनय कर जोड़ करता है ।
उतारूँ पार मैं कैसे मेरा मन नाथ डरता है ।।

सुना दशरथ सुअन तुमने
चरण रज से छुआ पत्थर,
अहल्या बन गया पल में
गया फिर शीघ्र गौतम घर ।

करिश्मा था किया तुमने हृदय जयकार करता है ।
उतारूँ पार मैं कैसे मेरा मन नाथ डरता है ।।

हमारी एक ही नैया
यही रोजी हमारी है ,
इसी से कुछ कमाई कर
जरा हालत सुधारी है ।

इसी नौका पे ही निर्भर बसर परिवार करता है
उतारूँ पार मैं कैसे मेरा मन नाथ डरता है ।।

ये मेरी काठ की नैया
अगर बन जाएगी नारी,
तुम्हारा कुछ न बिगड़ेगा
गयी रोजी मेरी मारी ।

चरण रज में कोई जादू यही मन सोच करता है ।
उतारूँ पार मैं कैसे मेरा मन नाथ डरता है ॥

❀ ❀ ❀

सुनो श्याम सुंदर कन्हैया दुलारे

सुनो श्याम सुंदर कन्हैया दुलारे
तुम्हे भक्त सारे विकल हो पुकारे ॥

वो पनघट पे जाना

वो मटकी गिराना,

वो वंशी बजा

गोपियों को लुभाना ।

वो घुंघराली लट कौन उसको निहारे ।
तुम्हे भक्त सारे विकल हो पुकारे ॥

वो वृंदा विपिन और

वो गोकुल की गलियाँ,

वो खिलती हुई

रातरानी की कलियाँ ।

वो ठंढी हवा संग खुशबू के धारे ।
तुम्हे भक्त सारे विकल हो पुकारे ॥

वो गोधूलि वेला

वो बछड़े वो गायें,

अभी भी तुम्हें वे

विकल हो बुलायें ।

तुम्हें याद करते हैं यमुना के धारे ।
तुम्हे भक्त सारे विकल हो पुकारे ॥

आयी मैं शरण तुम्हारी

आयी मैं शरण तुम्हारी
सुनो बाँके बिहारी ॥

सुंदर श्याम शरण मे ले लो
अब तो मधुकर दर्शन दे दो
चरणों में बलिहारी
सुनो बाँके बिहारी ॥

नन्द यशोदा के तुम प्यारे
यदुनन्दन यदुकुल उजियारे
थामो बाँह हमारी
सुनो बाँके बिहारी ॥

यदुकुल नाथ विनय सुन मेरी
मुक्त करो अब करो न देरी
जग भय से दुखियारी
सुनो बाँके बिहारी ॥

तुझसे लगन लगी साँवरिया

तुझ से लगन लगी साँवरिया बड़ी
दरश दिखा जा तेरे द्वार हूँ खड़ी ॥

दूध दही तो तेरे मन को न भावे
नवनीत की है तुझे चाट जो पड़ी ।
दरश दिखा जा तेरे द्वार हूँ खड़ी ॥

गोपियन के सँग रास रचावे
राधिका के मुख तेरी नज़र गड़ी ।
दरश दिखा जा तेरे द्वार हूँ खड़ी ॥

बार बार धावे बरसाना
लाड़ली जू से तेरी अँखियाँ लड़ी ।
दरश दिखा जा तेरे द्वार हूँ खड़ी ॥

❀ ❀ ❀

करो कल्याण जगदम्बे

करो कल्याण जगदम्बे
तुम्हारे द्वार हूँ आयी ।
नहीं कुछ पास अर्पण को
मैं खाली हाथ हूँ आयी ॥

अगर मैं पुष्प ले आती
जुठारा भँवरे तितली ने,
इसीसे मात जगदम्बे
मैं श्रद्धा साथ हूँ लायी ।

करो कल्याण जगदम्बे
तुम्हारे द्वार हूँ आयी ॥

अगर फल साथ ले आती
जुठारा पंछियों ने है
इसीसे माँ जगज्जननी
झुका कर माथ हूँ आयी ।

करो कल्याण जगदम्बे
तुम्हारे द्वार हूँ आयी ॥

शरण मे लो मुझे मैया
सहारा झूठ है जग का
इसीसे छोड़ सबका दर

तुम्हारे दर पे हूँ आयी ।

करो कल्याण जगदम्बे
तुम्हारे द्वार हूँ आयी ॥

❀ ❀ ❀

जसुदा नन्द दुलारे मटकी मेरी ले लो

जसुदा नन्द दुलारे मटकी मेरी ले लो ॥

भाव दूध की दही जमाई
नाम ध्यान की पड़ी मलाई,
मनमोहन घनश्याम कन्हाई

की फिर टेर लगाई मटकी मेरी ले लो ।
जसुदा नन्द दुलारे मटकी मेरी ले लो ॥

सत्य प्रेम अरु भगति सँजोया
प्रणय मथानी खूब बिलोया,
शुद्ध प्रेम नवनीत सजाकर

आयी द्वार तुम्हारे मटकी मेरी ले लो ।
जसुदा नन्द दुलारे मटकी मेरी ले लो ॥

माया मोह असुर सम भारी
घिरी लोभ की है अंधियारी,
व्याकुल मन का घायल पंछी

केवल तुम्हें पुकारे मटकी मेरी ले लो ।
जसुदा नन्द दुलारे मटकी मेरी ले लो ॥

हमें मथुरा की गलियाँ

हमें मथुरा की गलियाँ न भाये रसिया ॥

छुड़ा ले गयी हमरे पिया को
चैन मिले अब कैसे जिया को ।

देख नयी नयी कलियाँ लुभाये रसिया ।
हमें मथुरा की गलिया न भाये रसिया ॥

मनमोहन मथुरा में आये
नये नये नित खेल रचाये ।

प्रीति हमसे न छलिया निभाये रसिया ।
हमें मथुरा की गलिया न भाये रसिया ॥

तोड़ गये बचपन का नाता
यदुनन्दन बिन कुछ न सुहाता ।

दे के बिरहा सांवलिया सताये रसिया ।
हमें मथुरा की गलिया न भाये रसिया ॥

❀ ❀ ❀

छेड़ गया चुपके से मोहन

छेड़ गया चुपके से मोहन मन वीणा के तार ।
करूं शिकायत इसकी या फिर प्रगट करूं आभार ।।

सदा धर्म की बात बताए

सदा सिखाये कर्म ,

ऊंचे नीचे पथ जीवन के

वही बताएं मर्म ।

मधुसूदन प्राणों से प्यारे जाऊं नित बलिहार
करूं शिकायत इसकी या फिर प्रगट करूं आभार ।।

अर्पित है नवनीत हृदय का

श्वांसों का संगीत ,

करवट लेती है निशि वासर

मेरे मन की प्रीत ।

तेरे लिए किया यदुनन्दन यह अनुपम श्रृंगार ।
करूँ शिकायत किया पर प्रगट करूं आभार ।।

नश्वर तन बन जले आरती

जगमग जलती जोत ,

जैसे घनी अंधेरी निशि में

उड़ते हो खद्योत ।

रोम रोम हो रहा कण्टकित दूँ निज जीवन वार ।
करूँ शिकायत इसकी या फिर करूँ प्रगट आभार ॥

मनमोहन ने ब्रज में धूम मचाई रे

मनमोहन ने ब्रज में धूम मचाई रे ।
लिये प्यार मनुहार होलिका आई रे ॥

कभी किसी के सिर से

चुनरी खींच रहे ,

कभी किसी मटकी से

रंग उलीच रहे ।

गालों पर गुलाल भर मूठ लगाई रे ।
मनमोहन ने ब्रज में धूम मचाई रे ॥

जलती होली अगन

दहन हो वैर सभी ,

हो अपनों की परिधि

न कोई गैर कभी ।

ले गुलाल गलियों में कीच मचाई रे ।
मनमोहन ने ब्रज में धूम मचाई रे ॥

कहे राधिका भीगे

सारे अंग सखी ,

कह दे कान्हा से

मत डाले रंग सखी ।

कहे सखी कब सुनता बात कन्हाई रे ।
मनमोहन ने ब्रज में धूम मचाई रे ॥

❀ ❀ ❀

एक बार फिर माँ जगदम्बे

एक बार फिर माँ जगदंबे आओ भारत देश में ।
सौम्य रूप दुर्गा का धर कर या काली के वेश में ।।

सोने की चिड़िया मां अपना

देश कभी कहलाता था ,

शौर्य कथाएं सुन सुन इसकी

यह जग मन बहलाता था ।

गिनती कभी हुआ करती थी इसकी देश विशेष में ।
एक बार फिर माँ जगदंबे आओ भारत देश में ।।

गली गली अब भूख बिलखती

ममता रोया करती है ,

लुटी पिटी अस्मत ले नारी

लज्जा ढोया करती है ।

नहीं सुरक्षित लज्जा ममता इस भीषण परिवेश में ।
एक बार फिर माँ जगदंबे आओ भारत देश में ।।

शुम्भ निशुम्भ बने आतंकी

करते अत्याचार यहां ,

मानव रक्त और अंगों का

भी हो व्यापार यहां ।

है इनके विनाश की क्षमता दुर्गा और महेश में ।
एक बार फिर माँ जगदंबे आओ भारत देश में ॥

❀ ❀ ❀

रटते रटते नाम श्याम का

रटते रटते नाम श्याम का वृंदावन अति दीन हो गया ।।

प्रणय तृषा से आकुल मन को
मधुसूदन अब मत तड़पाओ ,
आ जाये वयः समय शीघ्र जब
मथुरा छोड़ बिरज में आओ ।

बिना तुम्हारे तट यमुना का निर्मल जल से हीन हो गया ।
रटते रटते नाम श्याम का वृंदावन अति दीन हो गया ।।

महक रही हैं कुसुम क्यारियाँ
इनमें सुरभि कोष से हो तुम ,
मुक्त सुकोमल पर पंछी के
धलकी हुई ओस से हो तुम ।

मधुमय प्रणय सुधा से वंचित मघवा महा मलीन हो गया ।
रटते रटते नाम श्याम का वृंदावन अति दीन हो गया ।।

निराकार पर ध्यान न टिकता
चिकने घट पर जैसे पानी ,
वृहद शून्य में व्यर्थ भटकता
बातें सब लगतीं बेमानी ।

आत्मतत्व छटपटा रहा है नीर बिना ज्यों मीन हो गया ।

रटते रटते नाम श्याम का वृंदावन अति दीन हो गया ॥

तुझको दिल में बसा लूँ साँवरिया जरा

तुझको दिल में बसा लूँ साँवरिया जरा ।
ला अधर से लगा लूँ बंसुरिया जरा ॥

आ कदंब के तले
रोज़ सूरज ढले
साँझ लहराये लाली चुनरिया जरा ।
ला अधर से लगा लूँ बंसुरिया जरा ॥

मुख तेरा नाम हो
हाथ रत काम हो
है बिना तेरे सूनी बखरिया जरा ।
ला अधर से लगा लूँ बंसुरिया जरा ॥

ये अटल प्रीत है
नेह नवनीत है
फोड़ मत यूँ हमारी गगरिया जरा ।
ला अधर से लगा लूँ बंसुरिया जरा ॥

✿ ✿ ✿

मैया खोलो न दुअरिया

मैया खोलो न दुअरिया तुमरे द्वार खड़ी ॥

भोर होत ही उठि मैं आऊँ
दरसन पाना चाहूँ,
लिये फूल गजरा भर डाली
मैं तुझको पहिनाऊँ ।

कैसे तुम तक आने पाऊँ मैया भीड़ बड़ी ।
मैया खोलो न दुअरिया तुमरे द्वार खड़ी ॥

भोग बनाऊँ हलुआ पूरी
लाऊं तुमरे द्वार
गंगाजल गगरी भर लाऊँ
दूँ मैं पाँव पखार ।

तुमरे प्यार की चुनरिया मेरे सिर पे पड़ी ।
मैया खोलो न दुअरिया तुमरे द्वार खड़ी ॥

चुनरी लाल उढ़ाऊँ मैया
करूँ सुघर सिंगार,
जगमग चमके हार गले में
लूँ मुख चन्द्र निहार ।

मेरी रखना खबरिया तुमरे द्वार खड़ी ।

मैया खोलो न दुअरिया तुमरे द्वार खड़ी ॥

❀ ❀ ❀

यमुना तट पर कदम्ब डाल पर

यमुना तट पर कदम्ब डाल
पर डाल दिया झूला ।
साँवरा झूल रहा झूला ॥

रेशम की इक डोर मंगाई
चंदन का पलना,
नन्दराय का अंक दुलारा
जसुदा का ललना ।

गायें गीत मधुर स्वर गोपी
है उपवन फूला ।
साँवरा झूल रहा झूला ॥

लगे सुहावन मधुमय सावन
रिमझिम पड़े फुहार,
गगन सघन घन बजे दुंदुभी
पिक के बोल मल्हार ।

सुन मोहन की वेणु काग है
कर्कश स्वर भूला ।
साँवरा झूल रहा झूला ॥

राधा के पग बजे पयलिया
मीठे जिसके बोल,

मधुर मधुर धुन बजे बाँसुरी
सखियाँ करें किलोल ।

कान्हा मारे पेंग राधिका
झुला रही झूला ।
साँवरा झूल रहा झूला ॥

❀ ❀ ❀

उमर की धरी गगरिया शीश

उमर की धरी गगरिया शीश
हरिक पल जाये है छलकी ।
करें अब क्या चिंता कल की ॥

हरि इच्छा दुनियाँ में लायी
जीवन भर की बहुत कमाई
बोझ पाप का भरी गठरिया
हो न सकी हलकी ।
करें अब क्या चिंता कल की ॥

यहीं रहेगी जग की दौलत
हरि सुमिरन की अब डालो लत
यम आयेगा तो लायेगा
चुनरी मलमल की ।
करें अब क्या चिंता कल की ॥

तन धन सुत में मन भरमाया
साथ न देगी कोई माया
अंत समय तुलसी दल मुख
बूँदें गंगा जल की ।
करें फिर क्यों चिंता कल की ॥

सुनो प्यारे कन्हाई नन्दलाल

सुनो प्यारे कन्हाई नन्दलाल

चलो ऐसे न तिरछी चाल

नजर लग जायेगी कान्हा

नजर लग जायेगी ।।

शीश मुकुट मकराकृति कुंडल

नैना बड़े विशाल

चितवन तेरी कुटिल कन्हाई

उर वैजन्ती माल

नजर लग जायेगी कान्हा

नजर लग जायेगी ।।

रूप तुम्हारा बहुत सलोना

जैसे हो माखन का दोना

तेरे घूँघर वाले बाल

तेरे अधर बिम्ब से लाल

नजर लग जायेगी कान्हा

नजर लग जायेगी ।।

सूरत तेरी प्यारी प्यारी

पर चोरी की बान तुम्हारी

करता चोरी नन्दलाल

लेता दिल सहज निकाल

नजर लग जायेगी कान्हा

नजर लग जायेगी ॥

❀ ❀ ❀

भजन कीजिये यदुनन्दन के नाम का

भजन कीजिये यदुनन्दन के नाम का ॥
जिसमें जिसकी श्रद्धा जागे
　　उसी ईश अभिराम का ।
भजन कीजिये यदुनन्दन के नाम का ॥

कब छुटकारा मिल पाता है
इस जग के जंजाल से ,
कौन जमाने में बच पाया
भीषण काल कराल से ।

चलता रहता चक्र निरन्तर
　　जीवन के संग्राम का ।
भजन कीजिये यदुनन्दन के नाम का ॥

झूठे जग के रिश्ते नाते
धन दौलत सब व्यर्थ है,
ऊँचे ऊँचे भवन अटारी
इनका भी क्या अर्थ है ?

सद्कर्मों की चाभी खोले
　　द्वार मुक्ति के धाम का ।
भजन कीजिये यदुनन्दन के नाम का ॥

मधु मिसरी से भी है मीठा
रस हरि हर के नाम का ,
सुमिरन करो राम रघुबीर का
या मुरलीधर श्याम का ।

कर्म किये यदि नेक न होगा
                 लोभ मोह के दाम का ।
भजन कीजिये यदुनन्दन के नाम का ॥

तेरे चरणों में प्यारे कन्हैया

तेरे चरणों मे प्यारे कन्हैया
मैं तो करना नमन चाहती हूँ।
इस अँधेरी हृदय कोठरी में
बस तेरा आगमन चाहती हूँ॥

तेरे चरणों मे प्यारे कन्हैया
मैं तो करना नमन चाहती हूँ।म

स्वार्थ लालच भरे इस जहां में
नफरतों की हवा चल रही है ,
तेरी करुणा तले श्याम प्यारे
प्यार की अंजुमन चाहती हूँ॥

तेरे चरणों मे प्यारे कन्हैया
मैं तो करना नमन चाहती हूँ॥

कोई माँगे जमाने की दौलत
पर हमें बस दया दान देना।
पा कृपा दृष्टि प्यारे तुम्हारी
प्रेमपूरित सु मन चाहती हूँ॥

तेरे चरणों मे प्यारे कन्हैया
मैं तो करना नमन चाहती हूँ॥

मोह माया हमें अब न घेरे
लोभ दांव रहे दूर हमसे।
सारी दुर्भावना का कन्हैया
अब हृदय से गमन चाहती हूँ ॥

तेरे चरणों मे प्यारे कन्हैया
मैं तो करना नमन चाहती हूँ ॥

आओ आओ माँ भवानी बड़ी देर भई

आओ आओ माँ भवानी बड़ी देर भई
तेरे भक्तों की है टोली तुझे टेर रही ।।

समय कठिन है भक्तजनों पर

भीर पड़ी है मैया,

हाथ बढ़ा पतवार उठा माँ

बीच भँवर में नैया ।

नदिया भी तेरे नामों की माला फेर रही ।
आओ आओ माँ भवानी बड़ी देर भई ।।

हम सब तेरे बालक माता

आके दर्श दिखा जा,

जीने का ढँग कभी न आया

तू ही हमें सिखा जा ।

अर्जी आरत जनों की बड़ी ढेर भई ।
आओ आओ माँ भवानी बड़ी देर भई ।।

जगजननी जगदम्बे मैया

हम हैं शरण तिहारी,

हाथ बढ़ा के हमें थाम हम

संतति सदा तिहारी ।

विनती तुझको मैं सुनाऊँ मुखड़ा हेर रही ।
आओ आओ माँ भवानी बड़ी देर भई ॥

अनुपम रूप पिया का

अनुपम रूप पिया का राधा देख रही दरपन में ।।

श्याम सलोने राजकुँवर के
हाथ सजी है मुरली,
नाच रही हैं मगन गोपियाँ
सूरत उर में धर ली ।

मधुर भावनाओं की नदिया उफ़न रही है मन में ।
अनुपम रूप पिया का राधा देख रही दरपन में ।।

ननंदनँदन की एक टेर पर
मइया दौड़ी आवे,
रस्सी तोड़ें गाय बछेरू
ऐसी टेर सुनावे ।

मगन मुग्ध हो सोनचिरैया चहक रही आँगन में ।
अनुपम रूप पिया का राधा देख रही दरपन में ।।

यमुना के तट रास रचावे
प्रीत मेह बरसावे,
रोम रोम भीगे जन जन का
हृदय हृदय सरसावे ।

प्राण पखेरू नाम श्याम का लेकर उड़े गगन में ।

अनुपम रूप पिया का राधा देख रही दरपन में ।।

❀ ❀ ❀

मोरपंख की बना लेखनी

मोरपंख की बना लेखनी लिखूँ श्याम का नाम ।
नाम यह जपूँ सबेरे शाम ॥

शीश मुकुट पीतांबर सोहे
उर वैजयंती माल ,
खंजन नयन तिरीछी चितवन
नैना बने विशाल ।

मधुर दृष्टि मन मोहित कर ले रूप अमित अभिराम ।
नाम यह जपूँ सबेरे शाम ॥

माया सेना लेकर घेरे
मेरे मन की नगरी ,
शीश धरे फिर रही साँवरे
भरी प्रेम की गगरी ।

टेर रही यह प्रेम - पुजारिन आ जा मेरे धाम ।
नाम यह जपूँ सबेरे शाम ॥

कठिन समस्याएँ जीवन की
कभी न पाती पार ,
अगर न मिलता नाम श्याम का
बन मेरा आधार ।

इसी नाम के बल से जीतूँ जीवन का संग्राम ।
नाम यह जपूँ सबेरे शाम ॥

विरागी मन ! राधा माधव बोल

विरागी मन राधा माधव बोल ॥

मधु रूप मधुर मधु रंग मधुर
माधुर्य मधुर मनमोहन का ,
तन मधुर मधुर मन मधुर हृदय
चातुर्य मधुर उर दोहन का ।

मन के अब बन्धन खोल ।
विरागी मन राधा माधव बोल ॥

मधु डाल नजर मधुमय मुख पर
हरि मधुर चाल से है चलता ,
बन कृत्य मधुर अनुराग मधुर
बन राग हृदय में है ढलता ।

मन में यह मधुरस घोल ।
विरागी मन राधा माधव बोल ॥

है ध्यान मधुर अनुमान मधुर
शुभ गान मधुर मनमोहन का ,
ले नाम मधुर घनश्याम मधुर
नित फेर रही मन का मनका ।

काल का बाज रहा है ढोल ।
विरागी मन राधा माधव बोल ॥

वृषभानु की लली

वृषभानु की लली
साँवरे से नैन मिला के चली ॥

यमुना तट पर श्याम साँवरा
नित उठ वेणु बजावे ,
पग नूपुर से मधुर ताल दे
अधर अधर कुछ गावे ।

जिया हर ले छली ।
साँवरे से नैन मिला के चली ॥

मधुर वचन से टेर साँवरा
गोपी गोप बुलावे ,
शरद चन्द्र की चटक चाँदनी
मोहन रास रचावे ।

नाचे कुंज औ कली ।
साँवरे से नैन मिला के चली ॥

शीश धरि नित मटकी फोड़े
माखन रोज चुरावे ,
देख अकेली रस्ता रोके
छेड़े और सतावे ।

सूझे राह न गली।
साँवरे से नैन मिला के चली ॥

दुअरे ठाढ़ के सजनवां शिव जी अलख करें

दुअरे ठाढ़ के सजनवां शिवजी अलख करें ।।

माथ चन्द्र अरु गंग विराजे
कानन कुंडल नाग के
ब्रह्मा विष्णु करत हैं अस्तुति
बलि बलि गौरा-भाग के ।

भरि भरि आवे रे नयनवां शिवजी अलख करें ।
दुअरे ठाढ़ के सजनवां शिवजी अलख करें ।।

अंग विभूति मसान रमाये
आये गौरी द्वार पे ,
अंगन नाग रहे लिपटाये
नाग विभूषण हार के ।

मन के मांग ले मंगनवाँ शिवजी अलख करें ।
दुअरे ठाढ़ के सजनवां शिवजी अलख करें ।।

भिक्षा लिये हाथ मे गौरी
निकलीं चुनरी ओढ़ के ,
तिरछे नयन निहारें शिव को
करें सैन मुख मोड़ के ।

खनके हाथों मे कंगनवां शिवजी अलख करें ।
दुअरे ठाढ़ के सजनवां शिवजी अलख करें ॥

हूँ मैं कब से खड़ी तेरे द्वार रे

हूँ मैं कब से खड़ी तेरे द्वार रे ।
अब खोलो किवड़िया साँवरे ॥

भरे मन के निलय में प्रीत रे
लिये आयी हृदय नवनीत रे
यूँ ही जाये उमर ना बीत रे ।

हूँ मैं कब से खड़ी तेरे द्वार रे ।
अब खोलो किवड़िया साँवरे ॥

बजे मुरली का जब संगीत रे
भाव मेरे बहें बन के गीत रे
हार जाऊँ मैं जाये तो जीत रे ।

हूँ मैं कब से खड़ी तेरे द्वार रे ।
अब खोलो किवड़िया साँवरे ॥

बात ऐसे न कर विपरीत रे
प्रीति की तो नहीं यह रीति रे
प्रेम होता नहीं अभिनीत रे ।

हूँ मैं कब से खड़ी तेरे द्वार रे ।
अब खोलो किवड़िया साँवरे ॥

छल तज भजन करो मेरे भाई

छल तज भजन करो मेरे भाई ॥

केहि के हित नृप राज सजावे
कौन करे चतुराई ,
राजभवन के सुख पायस में
डाले कौन खटाई ।

छल तज भजन करो मेरे भाई ॥

राम के हित नृप राज सजावे
कैकई करे चतुराई ,
सुख पायस में दासि मंथरा
डाले कपट खटाई ।

छल तज भजन करो मेरे भाई ॥
त
रिमझिम रिमझिम मेघा बरसे
झिमिर झिमिर झरि लाई ,
केहि तरुवर तर भीजत होइहैं
राम सिया रघुराई ।

छल तज भजन करो मेरे भाई ॥

राम बिना हुई सूनी अयोध्या

लखन बिना चौपाई ,
सिया बिना मेरी सुनी रसोई
को भरपेट जिमाई ।

छल तज भजन करो मेरे भाई ॥

❀ ❀ ❀

पूछें शिव से शैलकुमारी

पूछे शिव से शैल - कुमारी
नित तुम किसका ध्यान करो ।।

तुम हो महादेव शिव शंकर
सारा जगत तुम्हारा किंकर ।
शिव तुम ही सर्वज्ञ सनातन
मन का सब अज्ञान हरो ।

नित तुम किसका ध्यान करो ।।

जो है अलख अगम्य अगोचर
जिसकी महिमा सकल चराचर
जो स्थिति लय पालनकर्ता
है तुम उसका ज्ञान करो ।

नित तुम उसका ध्यान करो ।।

जग में रमता राम रमापति
जो देता जीवन को सदगति
उसका नाम जपो निशि वासर
जीवन का कल्याण करो ।

नित तुम उसका ध्यान करो ।।

नीम की डाल पर डाल झूला सखी

नीम की डाल पर डाल झूला सखी
माँ जननि शीतला को झुलाएँ चलो ॥

नीम के काठ का ही हिंडोला बने
नीम की पत्तियों से सजाया हुआ ,
भाव की डोर में प्रेम के पुष्प की
गूंध माला गले में पिन्हाएँ चलो ॥

माँ जननि शीतला को झुलाएँ चलो ॥

है हृदय में भरी भक्ति की भावना
स्नेह श्रद्धा से पूरित दही - पात्र ले ,
लौंग के फूल माँ की खुशी के लिये
प्रेम से डाल आओ खिलाएँ चलो ॥

माँ जननि शीतला को झुलाएँ चलो ॥

हो कृपा दृष्टि हम पर सदा ही बनी
जोड़ कर हाथ हम प्रार्थना यह करें ,
शीश आशीष से हो भरा हाथ नित
आज माँ से यही अब मनाएँ चलो ॥

माँ जननि शीतला को झुलाएँ चलो ॥

जगदम्बा माँ काली खप्परवाली है

जगदम्बा माँ काली खप्पर वाली है ।
करती नित निज भक्तों की रखवाली है ॥

आधा चाँद अलंकृत माता के मस्तक
शोभा माँ की अदभुत श्रेष्ठ निराली है ।
करती नित निज भक्तों की रखवाली है ॥

मुण्डों की माला हाथों में अस्त्र लिये
मस्तक पर सिंदूर अलक घुंघराली है ।
करती नित निज भक्तों की रखवाली है ॥

चक्र गदा असि पद्म शंख शोभित कर में
कमर करधनी अरि के हाथों वाली है ।
करती नित निज भक्तों की रखवाली है ॥

हाथ, गले, भुजदण्ड सुशोभित आभूषण
रक्तिम जिह्वा अधर नयन में लाली है ।
करती नित निज भक्तों की रखवाली है ॥

अत्याचारी पापी के वध तत्पर
सन्तति सम जग रक्षा करने वाली है ।
करती नित निज भक्तों की रखवाली है ॥

वर - मुद्रा में नित्य ममत्व प्रदान करे

पान रूधिर का करती माता काली है ।
करती नित निज भक्तों की रखवाली है ॥

❀ ❀ ❀

मिल जाये ब्रज रज की चुटकी

मिल जाये ब्रज रज की चुटकी ॥

नाम तुम्हारा ले मुरलीधर
धन्य हो गया जीवन सारा ,
सुख पाया भज नाम तुम्हारा
कौन करे उस का बंटवारा ।

शीश प्रणय माखन की मटकी ।
मिल जाये ब्रज रज की चुटकी ॥

जकड़ लिया है मोह बन्ध ने
माया मन भर रहे नचाती ,
क्षुद्र सुखों की विपुल कामना
दुर्बल मन को रहे सजाती ।

मंजिल भुला राह बिच अटकी ।
मिल जाये ब्रज रज की चुटकी ॥

लगन लगी ब्रजराज मिलन की
किस से कहूँ व्यथा जीवन की ,
कौन दिखाये डगर नगर की
भूल गयी सुध बुध तन मन की ।

पिया मिलन हित दर दर भटकी ।
मिल जाये ब्रज रज की चुटकी ॥

सिर पर दही मटुकिया धार साँवरा

सिर पर दही मटकिया धार साँवरा बरसाने आया ।।

तन पर ओढ़े लाल चुनरिया
बना आज घनश्याम गुजरिया,
रंग रंग की पहने चुड़ियाँ
छमक छमक बाजे पैजनियाँ ।

बन कर मोहक सुंदर नार साँवरा बरसाने आया ।
सिर पर दही मटकिया धार साँवरा बरसाने आया ।।

नकबेसर कुंडल अति प्यारा
अँखियन में है कजरा डारा,
छोटा सा घूंघट मस्तक पर
चले राह पे लचक लचक कर ।

गले पहने मोतियन के हार साँवरा बरसाने आया ।
सिर पर दही मटकिया धार साँवरा बरसाने आया ।।

जाय खड़ा वृषभानु दुआरे
कर घूंघट की ओट पुकारे,
ले लो दही मधुर गोकुल की
गली गली में जाये छलकी ।

कर लो गरमी का उपचार साँवरा बरसाने आया ।

सिर पर दही मटकिया धार साँवरा बरसाने आया ॥

लिये गोपियाँ झंझर झारी
दिख जाये वृषभानु दुलारी,
राजकुंवरि का रूप सलोना
करे न कोई जादू टोना ।

कान्हा दिशि दिशि रहा निहार साँवरा बरसाने आया ।
सिर पर दही मटकिया धार साँवरा बरसाने आया ॥

कान्हा नयन तुम्हारे रतनारे

कान्हा नयन तुम्हारे रतनारे नज़र भर देखन दे ।।

शीश गगरिया धरे राधिका
यमुना तट पर आई ,
नयन मिले जब श्याम सुंदर से
सुध बुध सब बिसराई ।

लट वाले केश प्यारे घुँघरारे नज़र भर देखन दे ।
कान्हा नयन तुम्हारे रतनारे नज़र भर देखन दे ।।

नज़रों से मुख चूम गोपियाँ
मन ही मन शरमायें ,
प्रीति भरे दृग पल पल उलझें
लाड़ करें नट जायें ।

करे काहे छुप छुप के इशारे नज़र भर देखन दे ।
कान्हा नयन तुम्हारे रतनारे नज़र भर देखन दे ।।

सुघर मुरलिया मनमोहन की
मधुर मधुर धुन बाजे ,
मोर मुकुट मकराकृत कुंडल
पीताम्बर तन राजे ।

सारे अनुपम चरित तुम्हारे नज़र भर देखन दे ।

कान्हा नयन तुम्हारे रतनारे नज़र भर देखन दे ॥

❁ ❁ ❁

चरण धूलि पा हुई बावरी

चरण धूल पा हुई बावरी
तन मन हवन करूँ ।
चरण में किसके नमन करूँ ॥

अवधपुरी में राम विराजें
वृंदावन घनश्याम ,
दोनों रूप मनोहर सुंदर
शोभा ललित ललाम ।

राम श्याम दोनों मनमोहन
किसका वरण करूँ ।
चरण में किसके नमन करूँ ॥

वाम भाग में शोभित सीता
उधर रुक्मिणी रानी ,
कितनी ही राधा ललिताएँ
मीरा प्रेम दिवानी ।

तिरछी चितवन लगी हृदय तल
कैसे गमन करूँ ।
चरण में किसके नमन करूँ ॥

श्याम सलोना प्रियतम मेरा

ब्रज को छोड़ गया ,
अगणित गोप सुताओं की
उम्मीदें तोड़ गया ।

वरा हजारों ललनाओं को
कैसे सहन करूँ ।
चरण में किसके नमन करूँ ॥

बाँकी छवि तेरी मनमोहन

बांकी छवि तेरी मनमोहन मेरे उर में है अटकी ।।

मोर मुकुट मकराकृत कुंडल
अद्भुत रूप सजे ,
हरित बाँस की मोहक मुरली
मधुरिम बोल बजे ।

मन को चुरा रही है शोभा तेरे पीताम्बर पट की ।
बांकी छवि तेरी मनमोहन मेरे उर में है अटकी ।।

घूंघरवाले केश श्याम
छवि-मदिरा घोल रहे ,
माथे पर झुक झुक कर आये
चूम कपोल रहे ।

मनहर रूप विराजे अनुपम शोभा है लट की ।
बांकी छवि तेरी मनमोहन मेरे उर में है अटकी ।।

कुंडल की परछाई गालों
पर यों डोल रही ,
मत्स्य सुता ज्यों श्यामल जल में
निरत किलोल रही ।

तेरी निर्मल छवि ज्यों छलके रूप सुधा मटकी ।
बांकी छवि तेरी मनमोहन मेरे उर में है अटकी ॥

टिक न सके पग कहीं तुम्हारे

ब्रज मथुरा छोड़ा ,

टिके नहीं द्वारिका छोड़

अर्जुन का रथ जोड़ा ।

तेरे दरशन हित यदुनन्दन हूँ मैं गली गली भटकी ।
बांकी छवि तेरी मनमोहन मेरे उर में है अटकी ॥

चित बाँके बिहारी चुरा के गया

चित बाँके - बिहारी चुरा के गया ।
छवि आँखों में प्यारी बसा के गया ॥

चितवन है बाँकी निराली अदा
सुने वो विनय भक्त की सर्वदा
कोई दुखिया उसे दुख सुना के गया ।
छवि आँखों में प्यारी बसा के गया ॥

वो श्याम प्यारा मिले तो कभी
दरश चाहते भक्त जन हैं सभी
वो निधि वन में मुरली बजा के गया ।
छवि आँखों में प्यारी बसा के गया ॥

हृदय कुंज में आ मिलो साँवरे
दरश - हित हुए ये नयन बावरे
सपन में मिला दिल लुभा के गया ।
छवि आँखों में प्यारी बसा के गया ॥

सखि जाना न अकेली कोई पनघट पे

सखि जाना न अकेली कोई पनघट पे
वहीं खड़ा है बिहारी यमुना तट पे ॥

श्याम सुंदर का रूप सलोना
अति मोहक सरसीरुह लोना
दुनियां की बतियों से हट के ।

सखि जाना न अकेली कोई पनघट पे ॥

मनमोहक है नन्द का छौना
माखन मिसरी का ज्यों दोना
वारी वारी जाऊँ लटकी लट पे ।

सखि जाना न अकेली कोई पनघट पे ॥

यमुना के तट कान्हा धेनु चरावे
गोप बाल सँग राह घिरावे
सखियन को छेड़े मटके ।

सखि जाना न अकेली कोई पनघट पे ॥

मधुर मधुर वंशी जब बाजे
तीन लोक मोहित हो नाचे
तज हरि चरण न मन भटके ।

सखि जाना न अकेली कोई पनघट पे ॥

❀ ❀ ❀

मुखड़ा सुंदर श्याम नयन भर कर देखूँ

मुखड़ा सुंदर श्याम नयन भर कर देखूँ ॥

कोमल कर मुरलिका विराजे
अंग अंग नव भूषण साजे
शोभा अति अभिराम नयन भर कर देखूँ ।

मुखड़ा सुंदर श्याम नयन भर कर देखूँ ॥

आयत नयन सुघर कजरारे
तिरछी चितवन जादू डारे
शोभित ललित ललाम नयन भर कर देखूँ ।

मुखड़ा सुंदर श्याम नयन भर कर देखूँ ॥

पिउ पपिहरा प्राण का बोले
श्रवण कुहर मिश्री सी घोले
जीवन का सुख धाम नयन भर कर देखूँ ।

मुखड़ा सुंदर श्याम नयन भर कर देखूँ ॥

मन मयूर हो मगन निहारे
श्याम रूप पर तन मन वारे
नभ उमड़े घनश्याम नयन भर कर देखूँ ।

मुखड़ा सुंदर श्याम नयन भर कर देखूँ ॥

❀ ❀ ❀

जब से तेरे नयनों से लागे नैना

जब से तेरे नैनों से लागे नैना ॥

मन को मेरे भूख रही ना प्यास रही
केवल तुझसे मिलने की ही आस रही
विरह विकल उर पाये नहीं कहीं चैना ।

जब से तेरे नैनों से लागे नैना ॥

हवन करूँ मैं हविष लिये चिंताओं का
करती हूँ उपचार हृदय के घावों का ।
ना जानूँ कब उगे भानु कब हो रैना ।

जब से तेरे नैनों से लागे नैना ॥

मन - डाली पर बैठ पपीहा बोल रहा
होकर आतुर मन की पीर टटोल रहा ।
बहुत हृदय को भाते हैं उसके बैना ।

जब से तेरे नैनों से लागे नैना ॥

मनमोहन घनश्याम तुम्हारे दर्शन को
तरसें आँखे चैन नहीं व्याकुल मन को ।
तरस रहे हैं श्रवण सुनें कब मृदु बैना ।

जब से तेरे नैनों से लागे नैना ।।

सूरत श्यामल प्यारी सखी

सूरत श्यामल प्यारी सखी सपनों में समायी ।।

मोर मुकुट मकराकृति कुंडल ,
नकबेसर - मुक्ता अति चंचल ।
अधरों की छवि है मतवाली ,
आयत अँखियाँ काली काली ।

लटके लट घुँघराली सखी सपनों में समायी ।
सूरत श्यामल प्यारी सखी सपनों में समायी ।।

कांधे पीताम्बर शुभ राजे ,
मधुर मधुर धुन मुरली बाजे ।
कण्ठ सजी वैजन्ती माला ,
कटि किंकिनि का घुँघरू आला ।

मनमोहन छवि न्यारी सखी सपनों में समायी ।
सूरत श्यामल प्यारी सखी सपनों में समायी ।।

पैजनियाँ का नूपुर बोले ,
कानों में मधु मीठा घोले ।
तरु कदम्ब तल खड़ा कन्हैया ,
निकट सुशोभित बछड़े गैया ।

तन मन से बलिहारी सखी सपनों में समायी ।
सूरत श्यामल प्यारी सखी सपनों में समायी ॥

बाँका मुकुट वदन छवि बाँकी ,
बाँकी दृष्टि नयन छवि बाँकी ।
बाँकी पाग बाँकपन सोहे ,
ठवनि त्रिभंगी मन को मोहे ।

बाँकी छवि गिरिधारी सखी सपनों में समायी ।
सूरत श्यामल प्यारी सखी सपनों में समायी ॥

नमामि शम्भो नमामि शंकर

नमामि शम्भो नमामि शंकर
शत शत नमन तुम्हें प्रलयंकर ।।

नमन त्रिलोचन संकटमोचन
जय   दुखभंजन   मारारी ।
जय त्रिपुरारी त्रिपुण्डधारी
शशिधारी   जय शुभकारी ।

तुम शंकर हम हैं लघु कंकर ।
शत शत नमन तुम्हें प्रलयंकर ।।

कष्ट निकन्दन जन मन रंजन
रिपुसूदन   जन - हितकारी ।
चन्द्र सहित सिर गंग तरंगित
कण्ठ नाग फणिधर धारी ।

भय सारे टारो अभयंकर ।
शत शत नमन तुम्हें प्रलयंकर ।।

गजमुख कार्तिकेय दोनों सुत
सदा शत्रुदल विघ्न विनाशक ।
दुर्गतिनाशिनि तव अर्द्धांगिनि
जननी इव संसृति की रक्षक ।

रहो जगत हित सदा शुभंकर ।
शत शत नमन तुम्हें प्रलयंकर ॥

नीम की डाल पर डाल कर पालना

नीम की डाल पर डाल कर पालना
मेरी मैया चलीं झूलने झूलना ।।

भाल पर लाल बिंदी सुहानी लगे
माँ नयन भी दया की निशानी लगे
तुम कृपा मात की मत कभी भूलना ।

मेरी मैया चलीं झूलने झूलना ।।

अंग चुनरी सुहाती गले हार है
किंकिनी कर रही कटि में झनकार है
प्रीति की दृष्टि हम पर सदा डालना ।

मेरी मैया चलीं झूलने झूलना ।।

फूल से तन पे फूलों के गहने सजे
पाँव चंचल में सोने के नूपुर बजे
झूठ तज सत्य का दीप ही बालना ।

मेरी मैया चलीं झूलने झूलना ।।

हे राम रमापति रघुनन्दन

हे राम रमापति रघुनन्दन ।
कर रही अयोध्या अभिनन्दन ॥

रघुकुल भूषण श्रीराम अवधपुर के राजा ,
जन करते तुम्हें प्रणाम अवधपुर के राजा ।
आयें फिर अपने धाम अवधपुर के राजा ,
दर्शन अद्भुत अभिराम अवधपुर के राजा ।

तव चरणों में अर्पित वंदन ।
कर रही अयोध्या अभिनन्दन ॥

सज रही अयोध्या साज अवधपुर के राजा ,
है होता मंगल - काज अवधपुर के राजा ।
तुम ही सबके सरताज अवधपुर के राजा ,
फिर आज सँभालो राज अवधपुर के राजा ।

मस्तक पर हो रोली चंदन ।
कर रही अयोध्या अभिनन्दन ॥

होगा अरि दल का नाश अवधपुर के राजा ,
कहती है अविरल श्वांस अवधपुर के राजा ।
निंदक का होगा ह्रास अवधपुर के राजा ,
है जन जन को विश्वास अवधपुर के राजा ।

जय करे तुम्हारा ही स्यंदन ।
कर रही अयोध्या अभिनन्दन ॥

कहते नित वेद पुरान अवधपुर के राजा ,
तुम करते जग कल्यान अवधपुर के राजा ।
जग में हो नित सम्मान अवधपुर के राजा ,
फहराये सदा निशान अवधपुर के राजा ।

हो दूर जगत से सब क्रंदन ।
कर रही अयोध्या अभिनन्दन ॥

उठती है हवन सुवास अवधपुर के राजा ,
मन में अनुपम उल्लास अवधपुर के राजा ।
वर्षा ऋतु बन मधुमास अवधपुर के राजा ,
बिखराये उज्ज्वल हास अवधपुर के राजा ।

रज कण जैसे सुरभित चंदन ।
कर रही अयोध्या अभिनन्दन ॥

अपनों हित अति सुकुमार अवधपुर के राजा ,
अरि दल हित प्रबल प्रहार अवधपुर के राजा ।
सूने थे सब त्यौहार अवधपुर के राजा ,
कर दो अब बेड़ा पार अवधपुर के राजा ।

शत बार तुम्हारा अभिनन्दन ।
हे राम सियापति रघुनन्दन ॥

❀ ❀ ❀

बाँकी है प्रीति तुम्हारी सुनो मेरे बाँकेबिहारी

बाँकी है प्रीत तुम्हारी सुनो मेरे बाँके बिहारी ॥

बाँका मुकुट सिर बाँकी है पगड़ी ,

बाँकी वो गोपी है जो तुमसे झगड़ी ।

बाँकी झुलनिया की बाँकी लहरिया ,

बाँकी हैं भौहें अरु बाँकी नजरिया ।

बाँकी नज़र की कटारी सुनो मेरे बाँकेबिहारी ।

बाँकी है प्रीत तुम्हारी सुनो मेरे बाँकेबिहारी ॥

बाँके अधर तेरे बाँकी बंसुरिया ,

बाँकी लचक तेरी बाँकी कमरिया ।

बाँके हैं कुंडल औ बाँकी है माला ,

बाँकी भुजाएँ हैं केयूर आला ।

उंगली तुम्हारी दुधारी सुनो मेरे बाँकेबिहारी ।

बाँकी है प्रीत तुम्हारी सुनो मेरे बाँकेबिहारी ॥

बाँकी कमर वस्त्र बन्धन कसा है ,

बाँका पिताम्बर भी काँधे लसा है ।

बाँके चरण बाँके नूपुर निराले ,

सखियों के मन को चुराने हैं वाले ।

बाँकी अदाएँ तुम्हारी सुनो मेरे बाँकेबिहारी ।
बाँकी है प्रीत तुम्हारी सुनों मेरे बाँके बिहारी ॥

टेढ़ी टेढ़ी रे कन्हैया तेरे ब्रज की डगरिया

टेढ़ी टेढ़ी रे कन्हैया तेरे ब्रज की डगरिया ॥

सिर तेरा टेढ़ा मुकुट तेरा टेढ़ा
मस्तक पे सोहे तिलक तेरा टेढ़ा

टेढ़ी टेढ़ी रे कन्हैया तेरे कानों की मछरिया ।
टेढ़ी टेढ़ी रे कन्हैया तेरे ब्रज की डगरिया ॥

मथुरा तेरी टेढ़ी गोकुल तेरा टेढ़ा
गोवर्द्धन टेढ़ा और बिरज तेरा टेढ़ा

टेढ़ी टेढ़ी रे कन्हैया तेरी यमुना लहरिया ।
टेढ़ी टेढ़ी रे कन्हैया तेरे ब्रज की डगरिया ॥

नाम तेरा टेढ़ा औ धाम तेरा टेढ़ा
किया तूने दुनिया मे काम सदा टेढ़ा

टेढ़ी टेढ़ी रे कन्हैया तेरे होठों पे बंसुरिया ।
टेढ़ी टेढ़ी रे कन्हैया तेरे ब्रज की डगरिया ॥

मन तेरा टेढ़ा औ तन तेरा टेढ़ा
तीन जगह झुकता बदन तेरा टेढ़ा

टेढ़ी रे कन्हैया तेरी तिरछी नजरिया ।

टेढ़ी टेढ़ी रे कन्हैया तेरे ब्रज की डगरिया ॥

गउएँ तेरी टेढ़ी ग्वाल तेरे टेढ़े
मटके मचावे बवाल सब टेढ़े

टेढ़ी रे कन्हैया तेरे गाँव की गुजरिया ।
टेढ़ी टेढ़ी रे कन्हैया तेरे ब्रज की डगरिया ॥

❀ ❀ ❀

चलो मन कालिंदी के तीर

चलो मन कालिंदी के तीर ।
जहाँ श्याम बाँसुरी बजाये भरें गोपियाँ नीर ॥

कदम्ब वृक्ष तर श्याम सलोना
लिये बाँसुरी हाथ ,
मनमोहक धुन मधुर बजाये
सबको करे सनाथ ।

श्रम सीकर सिंचित मुखड़े पर पंखा झले समीर ।
चलो मन कालिंदी के तीर ॥

आशा और निराशा दोनो
मन मोहन के द्वार ,
विरह व्यथा रजनी घिर आयी
करता हृदय पुकार ।

उदय हेतु घनश्याम भानु के नित मन रहे अधीर ।
चलो मन कालिंदी के तीर ॥

बाधाएं प्रतिपल तड़पायें
थक थक जाते पाँव ,
जाने कितनी दूर हो गया
उस मधुकर का गाँव ।

कृपादृष्टि मधुसूदन की अब हर ले मन की पीर ।
चलो मन कालिंदी के तीर ॥

किया नहीं था हृदयदान

हो गया साँवरा दूर ,

कर्म सँवारे अब तो सारे

याद जगी भरपूर ।

यदुनन्दन के सुमिरन से कट जाते अघ गम्भीर ।
चलो मन कालिंदी के तीर ॥

पूछ रहा सुत आज पिता से

पूछ रहा सुत आज पिता से
क्या है धर्म तुम्हारा ?
बीच भंवर में त्याग सिया को
कैसे किया किनारा ?

गर्भवती सीता को तुमने
मध्य विपिन में छोड़ा ।
सुख दुख में जो साथ रही
उससे अपनापन तोड़ा ।

मर्यादा पुरुषोत्तम है यह
कैसा धर्म तुम्हारा ?
बीच भंवर में त्याग सिया को
कैसे किया किनारा ?

दर-दर भटके पुत्र तुम्हारा
क्या अपराध किया है ?
किन पापों का बोल पिता !
तूने है दंड दिया है ?

राज पुत्र वन सुत कहलाएं
यह आदर्श तुम्हारा ?
अबला पर अन्याय कराता

कैसा धर्म तुम्हारा ?

❀ ❀ ❀

सुन कर सीता का वनवास

सुन कर सीता का वनवास जनक के आँसू बहते हैं ।।

बचपन से था जिसको पाला
बाहों में था जिसे सँभाला ।

उसी सिया के प्राण विपिन दुख कैसे सहते हैं ।
सुन कर सीता का वनवास जनक के आँसू बहते हैं ।।

जिसने पति हित वैभव त्यागा
सुख न विपिन में कोई माँगा ।

उसी सिया को क्योंकर लोग अपावन कहते हैं ।
सुन कर सीता का वनवास जनक के आँसू बहते हैं ।।

तुम सीता अभिमान हमारा
सदा रहे सम्मान तुम्हारा ।

पतिव्रत के हित नाम तुम्हारा जन जन गहते हैं ।
सुन कर सीता का वनवास जनक के आँसू बहते हैं ।।

धरती से है जीवन पाया
सुख क्यों तुमसे हुआ पराया ।

चिंता में दिन रात जनकपुर वासी रहते हैं ।

सुन कर सीता का वनवास जनक के आँसू बहते हैं ॥

तुझे जो देख लूँ मोहन

तुझे जो देख लूँ मोहन मेरी पायल छनक जाये ।
हमारा प्रीति का रिश्ता सरस होकर महक जाये ॥

हमारे स्वप्न में आकर
चुराते चैन हो मन का,
बनाया है अजाने ही
तुम्हें आधार जीवन का ।

हकीकत में जो आ जाओ मेरा तन मन लहक जाये ।
हमारा प्रीति का रिश्ता सरस होकर महक जाये ॥

विपद में साथ मत छोड़ो
सुखों में साथ ही रहना,
न जाने और कितने दिन
पड़े मंझधार में बहना ।

कहीं ऐसा न हो गिरिधर मेरी नौका बहक जाये ।
हमारा प्रीति का रिश्ता सरस होकर महक जाये ॥

सुहागिन मैं तुम्हारी हूँ
तुम्हीं हो प्राणप्रिय मेरे,
जमाना कुछ कहे मुझको
न भूलूंगी भजन तेरे ।

गगन का चाँद मनमोहन हृदय नभ में चमक जाये ।
हमारा प्रीति का रिश्ता सरस होकर महक जाये ॥

सुन साँवरिया चितचोर

सुन साँवरिया चितचोर,
न चाहूँ कुछ और साँवरे बिन तेरे ॥

सुमन बनूँ वैजयन्ती स्रज का
मस्तक पर टीका ब्रज रज का
यह विनती नन्द किशोर,
न चाहूँ कुछ और साँवरे बिन तेरे ॥

नयन बसी मोहन की मूरत
चाह न देखूँ कोई सूरत
है आस - घटा घनघोर
न चाहूँ कुछ और साँवरे बिन तेरे ॥

जनम जनम के बंधन काटो
मन को अब न मोह में बांटो
गत रात हुई शुभ भोर
न चाहूँ कुछ और साँवरे बिन तेरे ॥

❀ ❀ ❀

रे मन कृष्ण कृष्ण हरि बोल

रे मन कृष्ण कृष्ण हरि बोल ॥

फ़ानी दुनिया आनी जानी
भवसागर में नाव पुरानी
उल्टी धारा गहरा पानी
जीवन है अनमोल ।

रे मन कृष्ण कृष्ण हरि बोल ॥

जानूँ नहीं कहाँ है मंजिल
दूर बहुत है अपना साहिल
कर्म बोझ से जीवन बोझिल
पाँव रहे हैं डोल ।

रे मन कृष्ण कृष्ण हरि बोल ॥

हर पल जगती एक समस्या
जीवन जैसे कठिन तपस्या
नीरस किन्तु लगे नित रस्या
वाणी में रस घोल ।

रे मन कृष्ण कृष्ण हरि बोल ॥

सुनिये माता जनकदुलारि

सुनिये माता जनकदुलारि
निशानी लाया रघुबर की ॥

है ये अँगूठी रामलला की
चिन्ह राम की कीर्ति कला की
कर रहे दण्डक विपिन विहार
निशानी लाया रघुबर की ॥

जननायक जनप्रिय जगवन्दन
ऋषियों के मस्तक के चन्दन
किया निशिचर दल का संहार
निशानी लाया रघुबर की ॥

भक्तजनों को जो अति प्यारे
रक्षक सारे जग से न्यारे
करें जो जन जन का उद्धार ।
निशानी लाया रघुबर की ॥

❁ ❁ ❁

हमारे कन्हैया ने हमको पुकारा

हमारे कन्हैया ने हम को पुकारा ।
चलो वृन्दावन में करें हम गुजारा ॥

चलेंगे किसी कुंज वन में रहेंगे
लताओं से उसका पता पूछ लेंगे ।
करेगा कभी फूल मिस वो इशारा ।
चलो वृन्दावन में करें हम गुजारा ॥

हवाओं में उसकी महक जांच लेंगे
मयूरों के संग भी जरा नाच लेंगे ।
वहां हर तरफ होगा उसका नजारा ।
चलो वृन्दावन में करें हम गुजारा ॥

छिपा वह कहीं होगा यमुना किनारे
खड़ा होगा कोई कदंब के सहारे ।
किसी ने कन्हैया को होगा निहारा ।
चलो वृन्दावन में करें हम गुजारा ॥

महक जाएगी रात में रातरानी
सुनाएंगी लहरें उसी की कहानी ।
कभी तो मिलेगा हमें श्याम प्यारा ।
चलो वृन्दावन में करें हम गुजारा ॥

रचाएगा जब रास वह चांदनी में

मिलेगा मचलती हुई रागिनी में ।
हृदय में बसेगा सांवरिया हमारा ।
चलो वृन्दावन में करें हम गुजारा ॥

वंशी दे जा राधा प्यारी

वंशी दे जा राधा प्यारी श्री वृषभानु दुलारी जी ॥

मेरी वंशी जग से न्यारी
मुझको है प्राणों से प्यारी
है अति न्यारी जी ।
वंशी दे जा राधा प्यारी श्री वृषभानु दुलारी जी ॥

मैं ना दूंगी वंशी तेरी
यह तो सौतन लागे मेरी
दूंगी गारी जी ।
वंशी दे जा राधा प्यारी श्री वृषभानु दुलारी जी ॥

वंशी दूंगी ना बनवारी जाओ कृष्ण मुरारी जी ॥

वंशी की धुन सुन तू डोले
क्यों फिर इसको सौतन बोले
है बेचारी जी ।
वंशी दे जा राधा प्यारी श्री वृषभानु दुलारी जी ॥

जब जब तूने इसे बजाया
हम सखियों को खूब नचाया
दे दे तारी जी ।
वंशी दे जा राधा प्यारी श्री वृषभानु दुलारी जी ॥

सदा श्याम अधरों पर लोटे
तेरी उँगलियां पांव पलोटे ।
क्यों अति प्यारी जी ।
वंशी दे जा राधा प्यारी श्री वृषभानु दुलारी जी ॥

वंशी की धुन तुझे सुहाए
इसीलिए तो श्याम बजाए ।
सुन लो प्यारी जी ।
वंशी दे जा राधा प्यारी श्री वृषभानु दुलारी जी ॥

किस कारण यह तुम को प्यारी
सदा साथ रखते बनवारी
बड़ी दुलारी जी ।
वंशी दे जा राधा प्यारी श्री वृषभानु दुलारी जी ॥

वंशीवट से काट के लाया
मंद अगन पर खूब तपाया ।
छेदन वारी जी ।
वंशी दे जा राधा प्यारी श्री वृषभानु दुलारी जी ॥

बड़ा कष्ट वंशी ने पाया
तब हूं मैं अधरों पर लाया ।
है अनियारी जी ।
वंशी दे जा राधा प्यारी श्री वृषभानु दुलारी जी ॥

❀ ❀ ❀

बढ़ीं आँधियाँ टूटते हैं करारे

बढ़ी आँधियाँ टूटते हैं करारे ।
कन्हैया खड़े हम तुम्हारे सहारे ॥

तुम्हीं ने कहा जीव आता अकेला
लगाता है संसार में आके मेला ।
समय की लहर साथ लाती बहा कर
नहीं कोई है जो लगाए किनारे ।
कन्हैया खड़े हम तुम्हारे सहारे ॥

ये माया की दुनिया तुम्हीं ने सजाई
फंसाने को इसमे ही मुरली बजाई ।
मनोमुग्धकारी है धुन यह तुम्हारी
ये टूटेगा तू हाथ अपने बढ़ा रे ।
कन्हैया खड़े हम तुम्हारे सहारे ॥

समंदर है गहरा अनेकों भंवर हैं
उफनती लहर डूब जाने का डर है ।
तुम्हीं ने है पतवार सांसो की थामी
डुबा दे हमें पार या फिर उतारे ।
कन्हैया खड़े हम तुम्हारे सहारे ॥

❀ ❀ ❀

तक तक जिया पर हमारे

तक तक जिया पर हमारे
नयन बान काहे तू मारे ।।

बीच भंवर में डगमग नैया
तुझ बिन मोहन कौन खिवैया
करता है काहे इशारे ।
नयन बान काहे तू मारे ।।

मन मंदिर घनश्याम विराजे
मधुर मधुर धुन मुरली बाजे ।
नैना बड़े रतनारे
नयन बान काहे तू मारे ।।

सूना था मेरे मन का कोना
बस गया सुंदर श्याम सलोना ।
पतझड़ में जैसे बहारें
नयन बान काहे तू मारे ।।

छोड़ के मुझको अब मत जाना
जनम-जनम मेरा साथ निभाना
दासी यह तुमको पुकारे
नयन बान काहे तू मारे ।।

❀ ❀ ❀

हरे कृष्ण गोविंद मोहन मुरारे

हरे कृष्ण गोविंद मोहन मुरारे ॥

तू जब से बसा है निगाहों में मेरी
हूँ सब तज के आई पनाहों में तेरी ।
हृदय में बसे हैं तेरे नैन कारे ।
हरे कृष्ण गोविंद मोहन मुरारे ॥

है जबसे कन्हैया लगी लौ तुम्हारी
हुए गैर सारे ये दुनिया बिसारी ।
हृदय में रहो देवकी के दुलारे ।
हरे कृष्ण गोविंद मोहन मुरारे ॥

रो देखते गोपियों की अदाएँ
न भूलो कभी भक्तजन की सदाएँ ।
पड़े कष्ट में दीन तुमको पुकारे ।
हरे कृष्ण गोविंद मोहन मुरारे ॥

❁ ❁ ❁

अब तो आ जा ओ बनवारी

अब तो आजा ओ बनवारी ।
मोहन तू जीता मैं हारी ॥

तुझको ढूंढू कुंजगलिन में
जमुना के तट गहन विपिन में ।
थक गई मेरी प्यासी आंखें
तक तक राह तिहारी ।
मोहन तू जीता मैं हारी ॥

तेरे कहे न मथुरा जाऊं
क्यों गोरस में उन्हें खिलाऊँ
तू ने ही तो है समझाया
है संपत्ति तुम्हारी ।
मोहन तू जीता मैं हारी ॥

मधुर मधुर संगीत सुनाया
मुरली धुन पर हमें नचाया ।
केवल नाची नहीं ग्वालिनें
नाचे दुनिया सारी ।
मोहन तू जीता मैं हारी ॥

काहे को देर लगायी

काहे को देर लगाई
अब तो आजा कन्हाई ॥

छूटा अन धन घोड़े हाथी
छूट गए सब संगी साथी ।
तू ने भी सुध बिसराई ।
अब तो आजा कन्हाई ॥

निबिड़ अंधेरा जी घबराए
दर्द हृदय का कहा न जाए ।
चुभने लगी है तनहाई ।
अब तो आजा कन्हाई ॥

द्वार पड़ी तेरे दुखियारी
विनती सुन लो श्याम हमारी ।
जीवन हुआ दुखदाई ।
अब तो आजा कन्हाई ॥

विरद तुम्हारा टूट न जाए
धीरज मेरा छूट न जाए ।
हो न तेरी रुसवाई
अब तो आजा कन्हाई ॥

गौरी को संग लिये पहने चुनरिया

गौरी को संग लिए पहने चुनरिया ।
चले आज शंकर जी बन के गुजरिया ॥

मोहन के हेतु बने शंकर जी नारी
बेनी पहन मांग अपनी सवारी
अंगिया कसे सिर पे ओढे चुनरिया ।
चले आज शंकर जी बन के गुजरिया ॥

दर्शन की आशा को मन में छुपाये
मोहनी मूरतिया को अपनी सजाए
घूंघट से लुक छुप के झांके नजरिया ।
चले आज शंकर जी बन के गुजरिया ॥

नथिया पहन शंभू घूंघट निकाले
हरवा पहन नैन में कजरा डाले ।
कंगना पहन लिए हाथ में गगरिया ।
चले आज शंकर जी बन के गुजरिया ॥

पनघट पे रास रचे मोहन सांवरिया
नाच रही गोरी के संग में गुजरिया ।
नाच रहे शिवजी लचका के कमरिया ।
चले आज शंकर जी बन के गुजरिया ॥

शिव शंकर जी नाचते बनके गोरी
मुखड़ा मोहन का देखे चोरी चोरी ।
मन में अभिलाष मिले कैसे सांवरिया ।
चले आज शंकर जी बन के गुजरिया ॥

प्रेम मगन हो भोले भेद सब भुलाए
डम डम डम कर शंभू डमरू बजाए ।
भेद खुला मोहन की बाजी बंसुरिया ।
चले आज शंकर जी बन के गुजरिया ॥

हमने कैलाश में इक जोगी निराला देखा

हमने कैलाश में एक जोगी निराला देखा ।
चन्द्रमा शीश गले सर्प की माला देखा ॥

हाथ में भंग देह भस्म रमाए देखा,
चंद्रमा शीश जटा गंग बहाए देखा ।

संग में पारवती शैल की बाला देखा ।
चन्द्रमा शीश गले सर्प की माला देखा ॥

हाथ तिरशूल लिये डमरू बजाते देखा,
भूत प्रेतों को लिए संग नचाते देखा ।

जो भी देखा वहां हर ढंग निराला देखा ।
चन्द्रमा शीश गले सर्प की माला देखा ॥

त्रिलोचन शंभू को कैलाश किनारे देखा,
अंग भूषण की तरह नाग संवारे देखा ।
संग में बैल गले मुंड की माला देखा ।

चन्द्रमा शीश गले सर्प की माला देखा ॥

कृष्णा बन के नर से नार

कृष्णा बनके नर से नार

लेकर कर में गजरा हार

गजरा बेचन को आया है गजरे ले लो जी ॥

गजरे अनोखे प्यारे मालिन लाई रे

गजरे के गुण सब समझाई रे ,

जो कोई गजरा उर पर धारे

मिल जाए उसको कुंवर कन्हाई रे ।

सुन कर मालिन की पुकार

दौड़ी बरसाने की नार

गजरा बेचन को आया है गजरे ले लो जी ॥

सखि चंदावलि पूछने आई

मालिन कैसे ये गजरे लायी,

राधा रानी लेंगी ये गजरे

मालिनी को महलों में बुलाई ।

राधा किए सहज सिंगार

देख रही थी गजरे हार

गजरा बेचन को आया है गजरे ले लो जी ॥

देख मोहन को कुछ सकुचाई

बोली कहो कहां से आई ?
गोकुल की हूँ मैं रहने वाली
मोहन के प्रिय गजरे लाई ।

सुन कर गोकुल की रहवार
अखियां में आई जलधार
गजरा बेचन को आया है गजरे ले लो जी ॥

बोलो सखी कैसे श्याम सांवरिया
रूठ गए क्यों हमसे गुजरिया ?
पनघट पर क्यों श्याम न आए
भूल गए कैसे मेरी डगरिया ?

बरसी आंखों से जल धार
बह निकली कजरे की धार
गजरा बेचन को आया है गजरे ले लो जी ॥

विरह व्यथित जानी सांवरिया
हँस दिए मोहन सुन री गुजरिया !
मत असुवन की ढार गगरिया
तेरे ही आगे तेरा श्याम सांवरिया ।

लजाई बरसाने की नार
हुई जैसे ही आंखे चार
गजरा बेचन को आया है गजरे ले लो जी ॥

नटखट तुमको लाज न आई
बन गए नर से नारि कन्हाई ।
भक्तों के हित श्याम सुंदर ने
हरदम अपनी टेक निभाई ।

सुन कर दीनों की पुकार
दौड़े आए कृष्ण मुरार
गजरा बेचन को आया है गजरे ले लो जी ।।

वंशी वाले नन्ददुलारे मनमोहन सँवरिया

वंशी वाले नंद दुलारे मनमोहन सांवरिया ।
मेरे मोहन कब आओगे दासी की नगरिया ॥

बिके नहीं विश्वास हमारा
इस दुनिया की हाट में ,
कब से मैं बैठी हूं गिरिधर
तेरे भवन की बाट में ।

रो रो के मेरे नैना हारे हो गई मैं बावरिया ।
वंशी वाले नंद दुलारे मनमोहन सांवरिया ॥

कब से राह निहार रही हूँ
जीवन तेरी आस में ,
कब आए मेरा श्याम सलोना
जीवन की किस प्यास में ।

तुझ बिन नैना नित छलकाएं अँसुवन की गगरिया ।
वंशी वाले नंद दुलारे मनमोहन सांवरिया ॥

प्रीति सलोने मनमोहन की
उस बिन जिया न जाये रे
माया ठगिनी जीवन पथ पर
नित हमको भटकाये रे ।

जब हरि आये बहे उसी दिन शीतल सुखद बयरिया ।
वंशी वाले नंद दुलारे मनमोहन सांवरिया ॥

नटखट घूम रहे मधुबन में

नटखट घूम रहे मधुबन में कर में लिए बंसुरिया ना ॥

शीश मुकुट सोहे अति आला
कर कंगन फूलों की माला ।
संग लिए फिरते नंदलाला
कोटि-कोटि शत गोधन ग्वाला ।

हर्षित घूम रहे सब वन में संग में लिये सांवरिया ना ।
नटखट घूम रहे मधुबन में कर में लिए बंसुरिया ना ॥

सोहे तन पर पीला अंबर
श्याम सलोने नीलांबुज कर ।
नाच रहे हैं नटखट नटवर
जमुना के तट विटप कदम तर ।

सुन सुन मुरली की धुन वन में दौड़ी आई गुजरिया ना ।
नटखट घूम रहे मधुबन में कर में लिए बंसुरिया ना ॥

जल के मिस पनघट पर आई
प्रियवर को पाकर हरषाई ।
श्याम सुंदर का दर्शन पाई
ब्रज नारी मन में मुसकाई ।

ज्यों ही झुकी भरन घट जल में कान्हा फोड़ी गगरिया ना ।

नटखट घूम रहे मधुबन में कर में लिए बंसुरिया ना ॥

काहे फोड़त गगर कन्हैया
जाय कहूं मैं जसोदा मैया ।
हो गया नटखट कुंवर कन्हैया
नाचोगे तब ता ता थैया ।

लकुटी लेकर कर में मैया देंगी तुम्हें कमरिया ना ।
नटखट घूम रहे मधुबन में कर में लिए बंसुरिया ना ॥

कहे श्याम कैसे भरी गगरिया
कालिंदी का श्याम सांवरिया ।
कर देकर ले जाओ गगरिया
कैसी अरे गंवार गुजरिया ।

मटकी गिरा हँसे हरि मन में भीगी देह चुनरिया ना ।
नटखट घूम रहे मधुबन में कर में लिए बंसुरिया ना ॥

❀ ❀ ❀

काहे दिया जिया बौराय कन्हैया

काहे दिया जिया बौराय
कन्हैया हमसे बोलो ना ॥

रूठ गये क्यों मोहन रसिया
फोड़ रहे दधि की गागरिया
ओ राधा जी के मन बसिया
हम तो निपट गंवार गुजरिया ।

काहे मटकी दियो गिराय
कन्हैया हमसे बोलो ना ॥

दधि बेचन हित मधुबन जाऊं
जो न करूं मोहन क्या खाऊं ।
तुमने श्याम मटकिया फोड़ी
हाय कहां अब गोरस पाऊं ?

फिर भी हमसे गए रिसाय
कन्हैया हमसे बोलो ना ॥

तुमने हमरी गागर फोड़ी
नाजुक बहियाँ आज मरोड़ी
कर से दधि की मटकी छोरी
दूध दही की खेली होरी ।

अब तो दो गिरधर मुस्काय
कन्हैया हमसे बोलो ना ॥

❀ ❀ ❀

मेरे साँवरे सलोने प्यारे मोहन

मेरे सांवरे सलोने प्यारे मोहन
अब मैंने तुम्हें पहचाना है ।
अब तक नजरों से दूर रहे
अब दिल में तुम्हें समाना है ॥

अंखियों में बसे हो तुम ऐसे
फूलों में बसे मधु कण जैसे ।
सपनों में ऐसे समाए हो
बादल में हों जल कण जैसे ।

अब तो इस दिल में आ जाओ
मेरा मन अब तेरा ठिकाना है ॥

तुमसे है हमने प्यार किया
तुम पर यह जीवन वारा है
सच कह दूं तो मेरे प्रियतम
यह तन मन प्राण तुम्हारा है ।

हम तेरे हैं यह कम तो नहीं
अब अपना तुम्हें बनाना है ॥

❀ ❀ ❀

कन्हैया को सारे नमन कर रहे हैं

कन्हैया को सारे नमन कर रहे हैं ।
बड़े प्यार से सब भजन कर रहे हैं ॥

सजाई है भक्तों ने फूलों से झांकी
हे मोहन की मूरत सजी कैसी बाँकी ।
सभी उनको अर्पित सुमन कर रहे हैं ।
बड़े प्यार से सब भजन कर रहे हैं ॥

जो एक दृष्टि तेरी दयामय इधर हो
तो दुनिया के संताप जाने किधर हो ।
कृपा से तुम्हारी भवन कर भर रहे हैं ।
बड़े प्यार से सब भजन कर रहे हैं ॥

सुनो टेर अब तो हे बांके बिहारी
हृदय में सजा दी है सूरत तुम्हारी
तुम्हें साथ ले गृह - गमन कर रहे हैं ।
बड़े प्यार से सब भजन कर रहे हैं ॥

❀ ❀ ❀

श्याम तेरी डगर से गुज़र जाऊँगी

श्याम तेरी डगर से गुजर जाऊंगी ।
तेरे जैसा सँवरिया कहां पाऊंगी ।।

तू है सिद्धि मेरी मैं तेरी साधिका
तू है मोहन मेरा मैं तेरी राधिका ।
तेरे कदमों में रख कर मैं सर जाऊंगी ।
तेरे जैसा सँवरिया कहां पाऊंगी ।।

रौशनी है जो तू तेरी कंदील हूँ
तू है पारस मैं लोहे की एक कील हूँ ।
तुझको छूकर कन्हैया सँवर जाऊंगी ।
तेरे जैसा सँवरिया कहां पाऊंगी ।।

हूँ मैं मझधार में मेरी नैया है तू
मेरी कश्ती का नटवर खिवैया है तू ।
तू जो पतवार थामें मैं तर जाऊंगी ।
तेरे जैसा सँवरिया कहां पाऊंगी ।।

तू है दाता मेरा मैं भिखारिन तेरी
तू है भगवान हूं मैं पुजारिन तेरी ।
फूल बन कर चरण में बिखर जाऊंगी ।
तेरे जैसा सँवरिया कहां पाऊंगी ।।

हूँ फंसी ऐसी दुनिया के जंजाल में

जैसे मछली मछेरे के हो जाल में ।
थाम के हाथ में तेरा घर जाऊँगी ।
तेरे जैसा सँवरिया कहां पाऊँगी ॥

❈ ❈ ❈

मन मेरा है यमुना का तीर

मन मेरा है यमुना का तीर ॥

भानु नंदिनी की यह कल कल
मुझसे भी कहती है कल कल
दिल की व्यथा प्रगट कर देते
हैं नैनो के नीर ।
मन मेरा है यमुना का तीर ॥

यमुना के ये कूल किनारे
जीवन के हैं दूर सहारे
मन है मेरा जमुना का तट
श्याम दूसरा तीर ।
मन मेरा है यमुना का तीर ॥

सघन कुंज की श्यामल बेलें
रात दिवस यादों से खेलें
विरह ताप में तन मन जलता
हाल हुआ गम्भीर ।
मन मेरा है यमुना का तीर ॥

मेरी अंतर - बेल उदासी,
सरिता तीर पड़ी मैं प्यासी ।
कैसे मिले श्याम का दर्शन

पांव पड़ी जंजीर ।
मन मेरा है यमुना का तीर ॥

मनमोहन का आज स्व

मनमोहन का आज स्वप्न में दर्शन पाया रे ।

श्याम सपने में आया रे ॥

नन्द बाबा के अजिर बिहारी

माँ जसुदा जिस पर बलिहारी

बरसाने की राजकुंवरि का हृदय लुभाया रे ।

श्याम सपने में आया रे ॥

वन सुमनों की माला धारे

गोप गोपियाँ मुग्ध निहारें

वन वीथी से मोर पंख चुन मुकुट बनाया रे ।

श्याम सपने में आया रे ॥

सुभग सिंगार किये नारी का

पहना वसन राधिका जी का

अर्द्ध रात्रि भानुजा पुलिन पर रास रचाया रे ।

श्याम सपने में आया रे ॥

नीरव मन के वृन्दावन में

कालिंदी के कूल विपिन में

लिये हाथ मुरली मनमोहन मधुर बजाया रे ।

श्याम सपने में आया रे ॥

चंचल चपल साँवरा छोरा

चुरा ले गया है मन मोरा

श्याम स्वरूप श्यामसुंदर का मन को भाया रे ।

श्याम सपने में आया रे ॥

❀ ❀ ❀

मेरे मन के शून्य सदन आवास बना जा रे

मेरे मन के शून्य सदन आवास बना जा रे ।
श्याम मेरा साथ निभा जा रे ॥

नयनों के पथ चल कर प्यारा

मन मन्दिर में आया,

पुतली की कर सेज पिया

भावों का व्यजन डुलाया ।

हूँ उर का नवनीत सजाये भोग लगा जा रे ।
श्याम मेरा साथ निभा जा रे ॥

मर्यादा की जग ने पग में

हैं जंजीरें बाँधी,

तू चाहे तो पल भर में थम

जाए झंझा आँधी ।

आ न सकूँ मैं पास तेरे प्रिय तू ही आ जा रे ।
श्याम मेरा साथ निभा जा रे ॥

तेरा मोहक रूप सलोना

जी भर देख न पाऊँ,

नजर न लग जाये तुमको

यह सोच सोच घबराऊँ ।

बहुत चपल हैं गउएँ मेरी धेनु चरा जा रे ।
श्याम मेरा साथ निभा जा रे ॥

नजर मिला कर लूट गया दिल
मेरा श्याम सलोना,
ज्योति प्रीति की करे प्रकाशित
मन का कोना कोना ।

रख दे सिर पर हाथ हृदय की पीर मिटा जा रे ।
श्याम मेरा साथ निभा जा रे ॥

❀ ❀ ❀

कमल से चरण बड़े सुकुमार

कमल से चरण बड़े सुकुमार श्याम फिर वृंदावन जाना ।।

पीछे पीछे कान्हा दौड़े
आगे आगे गैया
सबसे पीछे लिये कलेवा
आये जसुदा मैया ।

लाला मुख लो तनिक जुठार श्याम फिर वृंदावन जाना ।
कमल से चरण बड़े सुकुमार श्याम फिर वृंदावन जाना ।।

श्यामल श्यामल विपिन साँवरा
जाकर छिप जाये,
ढूंढ न पाये माँ मोहन को
नयना दिप जाये ।

विकल हो हो कर करे पुकार श्याम फिर वृंदावन जाना ।
कमल से चरण बड़े सुकुमार श्याम फिर वृंदावन जाना ।।

कालिंदी का जल है काला
काला कर देगी,
मायामय झिलमिल लहरों से
मन को हर लेगी ।

डिठौना दे, दूँ केश सँवार श्याम फिर वृन्दावन जाना ।

कमल से चरण बड़े सुकुमार श्याम फिर वृंदावन जाना ॥

नाम श्याम का रटना मेरी
रसना को भाये,
इतना करना मन को मेरे
मोह न भरमाये ।

कठिन अति माया का सम्भार श्याम फिर वृंदावन जाना ।
कमल से चरण बड़े सुकुमार श्याम फिर वृंदावन जाना ॥

गौरा ढूँढ़ रहीं गिरि बीच कहाँ हैं

गौरा ढूँढ़ रही गिरि बीच कहाँ हैं शिवशंकर भोले ॥

हरसिंगार की कलियाँ चुन चुन
गूँथी है माला ,
घिस घिस चंदन लाल सजाया
मस्तक है आला ।

पारिजात के पुष्प साथ लायी भँग के गोले ।
गौरा ढूँढ़ रही गिरि बीच कहाँ हैं शिवशंकर भोले ॥

शीश जटा का मुकुट बनाये
चंदा छवि प्यारी ,
घूम रहीं मस्तक पर गंगा
यह छवि अनियारी ।
उमड़ घुमड़ कर धार गंग की
केशों में डोले ।

गौरा ढूँढ़ रही गिरि बीच कहाँ हैं शिवशंकर भोले ॥

कृष्ण सर्प के आभूषण हैं
लिपटे बाँह गले ,
व्याघ्र चर्म शोभित है कटि पर
तन में भस्म मले ।

चाह यही है मन में प्रियतम के सँग सँग हो ले ।
गौरा ढूंढ़ रही गिरि बीच कहाँ हैं शिवशंकर भोले ॥

अब तो तारो हे यदुनाथ

अब तो तारो है यदुनाथ ।।

अति दुस्तर सागर माया का
मोह कठिन मानव काया का
हे यदुनन्दन कृपा करो अब

तनिक बढ़ाओ हाथ ।
अब तो तारो है यदुनाथ ।।

भव - सागर में नैया अटकी
जान रहे तुम तो घट घट की
विकल प्राण नित तुम्हें पुकारें

झुका चरण में माथ ।
अब तो तारो है यदुनाथ ।।

मेरे प्राणाधार तुम्हीं हो
सुख दुखमय संसार तुम्हीं हो
कोई नहीं अनाथ जगत में

रहो सदा तुम साथ ।
अब तो तारो है यदुनाथ ।।

मनमोहन मनमंदिर में आ

मनमोहन मन मन्दिर में आ जरा मुरली मधुर बजा जाना ।
जो ताप हृदय के दूर करे वही मीठी तान सुना जाना ॥

मन मोह लोभमय दुनियां में
माया के मनके फेर रहा,
है जान नहीं पाता कैसे
नित काल चबेना हेर रहा ।

माया के भीषण बन्धन से प्रभु आकर हमें छुड़ा जाना ।
मनमोहन मन मन्दिर में आ जरा मुरली मधुर बजा जाना ॥

तृण ढूंढ़ रही हैं सुमिरन का
पर धरती की छाती सूखी,
प्यासा मन दर्शन का हरि के
कामना धेनु फिरती भूखी ।

सूने मन के वृंदावन में तुम गउएँ तनिक चरा जाना ।
मनमोहन मन मन्दिर में आ जरा मुरली मधुर बजा जाना ॥

उत्ताल लहर जग-सागर की
यह जीवन जैसे लघु नौका,
लालच है भव के वैभव का
नित अहं ढूंढ़ता है मौका ।

कस अहंकार को बन्धन में यह नैया पार लगा जाना ।
मनमोहन मन मन्दिर में आ जरा मुरली मधुर बजा जाना ॥

❀ ❀ ❀

www.ingramcontent.com/pod-product-compliance
Lightning Source LLC
LaVergne TN
LVHW042104190726
843493LV00006B/1351